東京&富山でダブルに稼ぐ！

「二刀流」不動産投資術

富裕層必見！資産防衛対策

ミッキー 著

SUN RISE

はじめに

「不動産投資は儲かるの？」

という質問への答えは、「儲かるときもあれば、損するときもありますよ」が私ミッキーの答えです。

「土地は、値上がりしますか？」

これに対する答えは、ズバリ「値上がりするところもあれば、値下がりするところもあります」です。

この禅問答のようなやりとり、これが投資における基本的な概念です。この「損をするときもある」というのが現実の不動産投資です。リスクを取らないとリターンを得ることはできません。したがって、不動産投資を行う上では、いかにリスクをヘッジ（回避）するか、あるいは最少にするかが、成功・失敗を決定づけるポイントになります。

この本では、この「リスク」という言葉をキーワードに、徹底して「リスク」に視点をあて、「どうすれば、リスクを最少にできるか」考察しています。

２０２３年の東京23区内の新築分譲マンションの平均価格が、初めて1億円を突破、前年比39・４％上昇、１億１４８３万円になったと報道されました。用地取得価格や建築資材、人件費の高騰が背景にあったとはいえ、いきなりの１億円突破に驚きました。

２０２４年２月22日、日経平均株価が１９８９年の大納会（12月29日）に付けた史上最高値の３万８９１５円を実に34年ぶりに更新。さらにその勢いは続き、３月４日には、４万円台に乗せました。バブル後の最安値が２００９年３月10日に付けた６９９４円だったので、そこから15年で最高値を更新でき、日本中がこの嬉しいニュースに沸き上がりました。

このような資産価格の上昇を受け、東京都内を起点として、賃貸住宅家賃の上昇が顕著になってきています。不動産投資家にとって、投資利回りの上昇に直結する、とても嬉しい出来事です。また大手上場企業は好調な業績を背景に、これまでにない賃金の上昇もみられます。首都圏を中心に、インフレ経済に転換したといっていいかもしれません。

一方で、前述のバブル崩壊から今日まで、失われた30年と揶揄されてきました。お隣の中国を見れば、作りすぎた新築分譲マンションの在庫が積み上がり、販売に苦心する業者の投げ売りにより、大幅な価格の下落を招いています。

不動産開発大手の中国恒大集団、碧桂園が実質破綻、開発企業へ資金提供をしている「融資平台」の債務残高は１３００兆円を超えるともいわれ、金融不安も広がっています。歴史は繰り返すという例え通り、まさに日本のバブル崩壊がお隣中国でも発生しています。経済回復の糸口さえみえない状況です。

２０２４年元旦、能登半島の珠洲市を震源にマグネチュード７・６、最大震度７の巨大地震が発生しました。亡くなられた方は２４０人を超え、石川県内における住宅被害は

7万5千棟を超えています。地震保険や政府、地方自治体からの支援金では、建物の再興には不十分です。建物を所有する最大のリスクが、自然災害といえるでしょう。

自然災害だけでなく、2008年9月15日に起きた米投資銀行リーマン・ブラザーズの経営破綻を機に世界に広がった金融危機であるリーマン・ショックや、2020年初頭に世界を恐怖に陥れた新型コロナウイルス感染問題など、数々の危機が発生し、それを乗り越えて今日があります。

このようなリスクを最小化するために、どのような戦略で迎え撃つのが良いでしょうか。結論から言えば、リスクの最小化にはポートフォリオを組むことが効果的です。これは株式投資や債券、為替など金融資産投資の世界では、一般的に効果が証明されている理論です。

本書は、この理論を不動産投資に応用し、解説しています。具体的には、東京×富山の不動産投資モデルの提唱です。

土地価格の変動幅が大きい東京への投資でキャピタルゲイン（値上がり益）をねらい、

土地価格の変動幅の小さい富山への投資でリスクを下げる。

さらにインカムゲイン（家賃収入）の少ない東京への投資を、大きな家賃収入が見込める富山の投資で補う――これが基本的な考え方になります。

全く利益の上がる構造が異なる2つの投資を組み合わせるのです。投資の世界には「相関関係」という言葉があります。両者が同質の動きをする関係を「正の相関関係」。全く違う動きをする関係を「負の相関関係」といいます。東京×富山の投資は、この「負の相関関係」をイメージしています。

今回、初めての試みとして、不動産投資の書籍には珍しい「ポートフォリオ理論」の基礎的知識を私ミッキーが分かりやすく解説させていただきます。富山×東京の不動産投資の有効性を、論理的に理解をいただくためです。

また、私が代表を務める富山に本社のある朝日不動産では、2003年4月から東京への投資も行っています。21年間で実際にどのような成果が上がったのかを事例を交えて解説しています。

「ローリスク・ミドルリターンを目指す」。これがミッキーの目指す投資スタイルです。本書で、皆さまの不動産投資におけるリスクが下がり、不動産投資の成功につながることを願っています。

東京&富山でダブルに稼ぐ！「二刀流」不動産投資術

目次

第2章 「不動産ポートフォリオ理論」とは何か 037

第5章 実例で見る東京×富山の二刀流投資「セットプラン」 167

第1章

東京×富山の資産形成——不動産の二刀流投資モデルとは何か

① 不動産投資の資産形成とは何を意味するのか

言うまでもなく、不動産投資の目的は、資産形成です。ここでいう資産とは、所有不動産全体の「総資産」ではなく、「ネット資産」を意味する「純資産」のことです。「純資産」の計算は、「総資産」から、負債（借入れ）や、預り金を差し引いて算出します（図表1―1）。

言い換えれば、所有する不動産を売却し、ローン残債を弁済した後、手元に残るお金ということです。

今でも、「毎年の家賃収入額が3億円だ」とか「所有不動産の時価総額が300億円だ」と不動産投資の規模の大きさを豪語する投資家や、「俺は借入れが30億円になった」と借入れの額の大きさを誇る投資家が存在します。

かく言う私も、賃貸マンションの所有戸数1000戸を目標にしていた時がありました。規模の拡大にアドレナリンが溢れ、借金をしまくり、家賃収入の額の大きさが投資家としての力だと錯覚していました。

まさに危険と隣り合わせ、今にして思えば、愚の骨頂、愚かだったとしか言いようがあ

図表1-1　不動産のバランスシート（B／S）貸借対照表

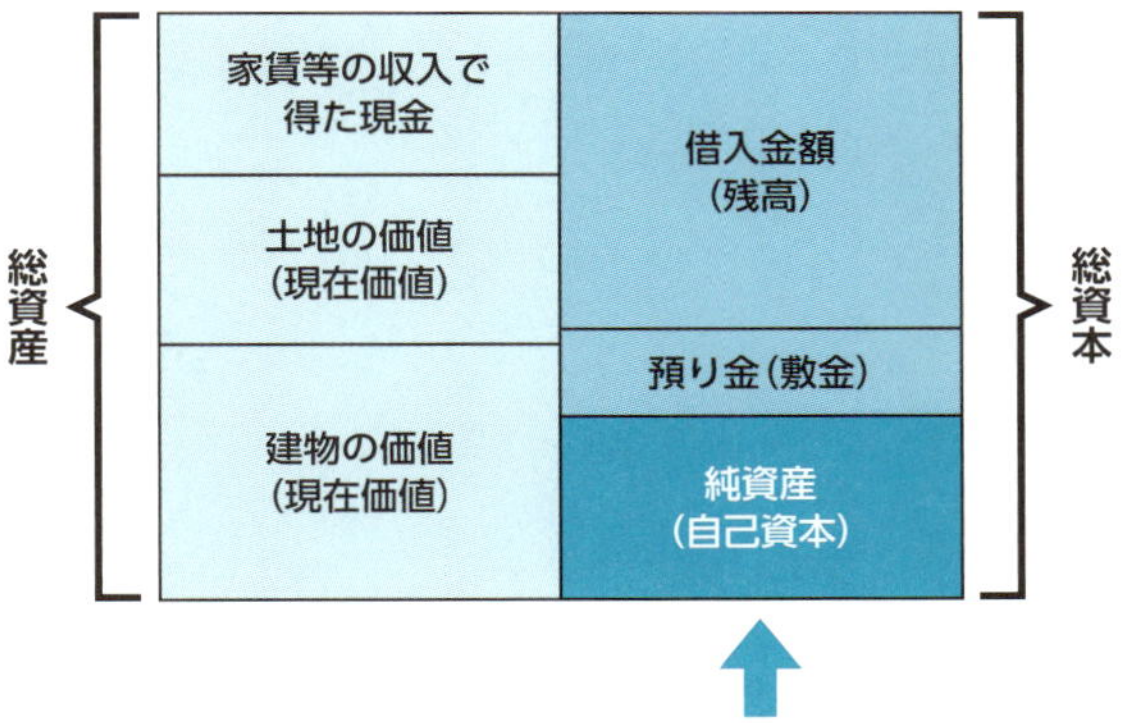

資産形成とは、いかに、「純資産」を増やすか！

りません。借り入れに頼り、規模の拡大を追求してきた投資家が、どのような末路をたどったか、歴史が証明をしています。このような多くの投資家が破綻し、市場から退場を余儀なくされました。

今、私が生き残っているのは、奇跡と言ってよいかもしれません。言うまでもなく、家賃収入の額の大きさには価値がなく、家賃収入から諸経費や借入返済をした後、手元に残るCF（キャシュフロー）を追求し、そのCFによって積み上げられた「純資産」にこそ価値があります。

不動産投資においての安全性、健全性を高めるとは、「純資産」を積み上げること、資産形成とは、「純資産」の額を大きくすることに他なりません。

ソフトバンクグループの孫正義会長兼社長は、決算説明会の折にソフトバンクグループが最重要視している指標は「NAV（Net Asset Value）：時価純資産」だと言っています。

NAVは、「NAV＝保有株式時価総額－純負債」で計算します。特に、ソフトバンクが世界中の投資家から集めて運用する「ビジョンファンド」の運用実績を「NAV」で説明し、「NAV」の最大化を経営のKPI（重要業績評価指標）としています。

②「純資産」を増やすための2つの考え方

それでは、「純資産」を増やすためには、どのような手段を講じればいいのでしょうか？

一つ目は、家賃収入からCF（キャッシュフロー）を積み上げます。不動産投資の収益とは、家賃収入から、空室や未回収損、運営費を差し引いたネット収入をいいます。この

図表1-2 「純資産」が増える2つのケース

1.CF（家賃収益）にて現金を積み上げる。

⇒　借り入れの返済
⇒　純資産の増加

2.土地・建物の価値が上がる。

⇒　純資産の増加

図表1-3 「純資産」が増えるとは・・・

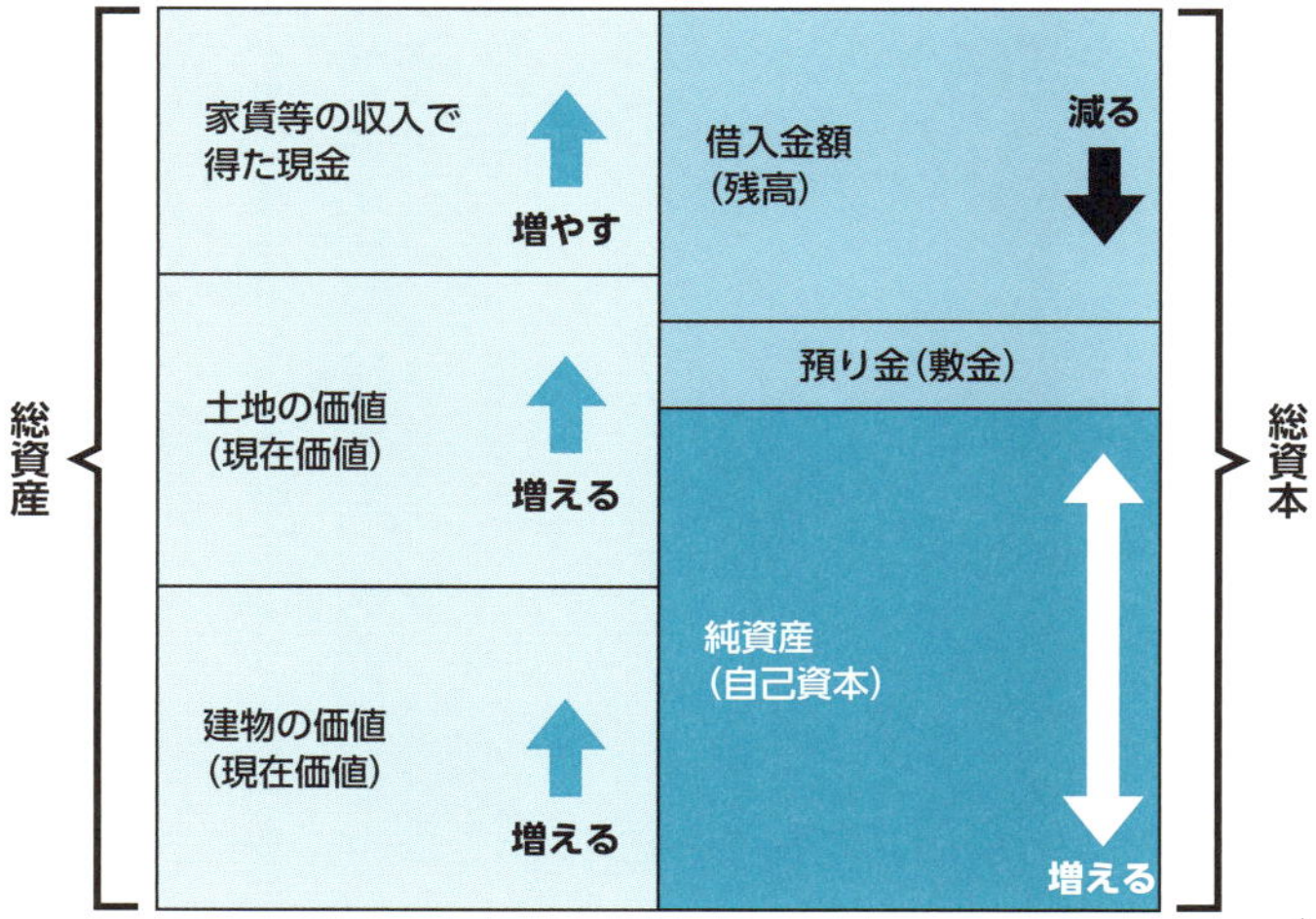

収益から借入金を返済し、納税後の余剰分が税引き後ＣＦです。

このＣＦが「純資産」として蓄積されていきます（図表１―４）。

二つ目は、現物資産である不動産価格が上昇する場合です。直接的に、お金は増えませんが、不動産の価値が上がることで、含み資産という形で「純資産」が増加します。

③不動産投資の事業モデル

不動産投資の事業モデルを大海に浮かぶ氷山に例えてみました（図表１―５）。

水面に顔を出している部分は家賃の収益、ＣＦです。家賃として入ってくる現金は当然、目に見えます。不動産投資家は、このＣＦをいかに大きくするかで経営手腕が問われることとなります。

水面の下に沈んでいる部分が、不動産投資を開始した当初から蓄積してきたＣＦの累計「純資産」となります。不動産投資の「安全性」「健全性」を判断する重要な数値です。

図表1-4 不動産投資、CF（キャッシュフロー）

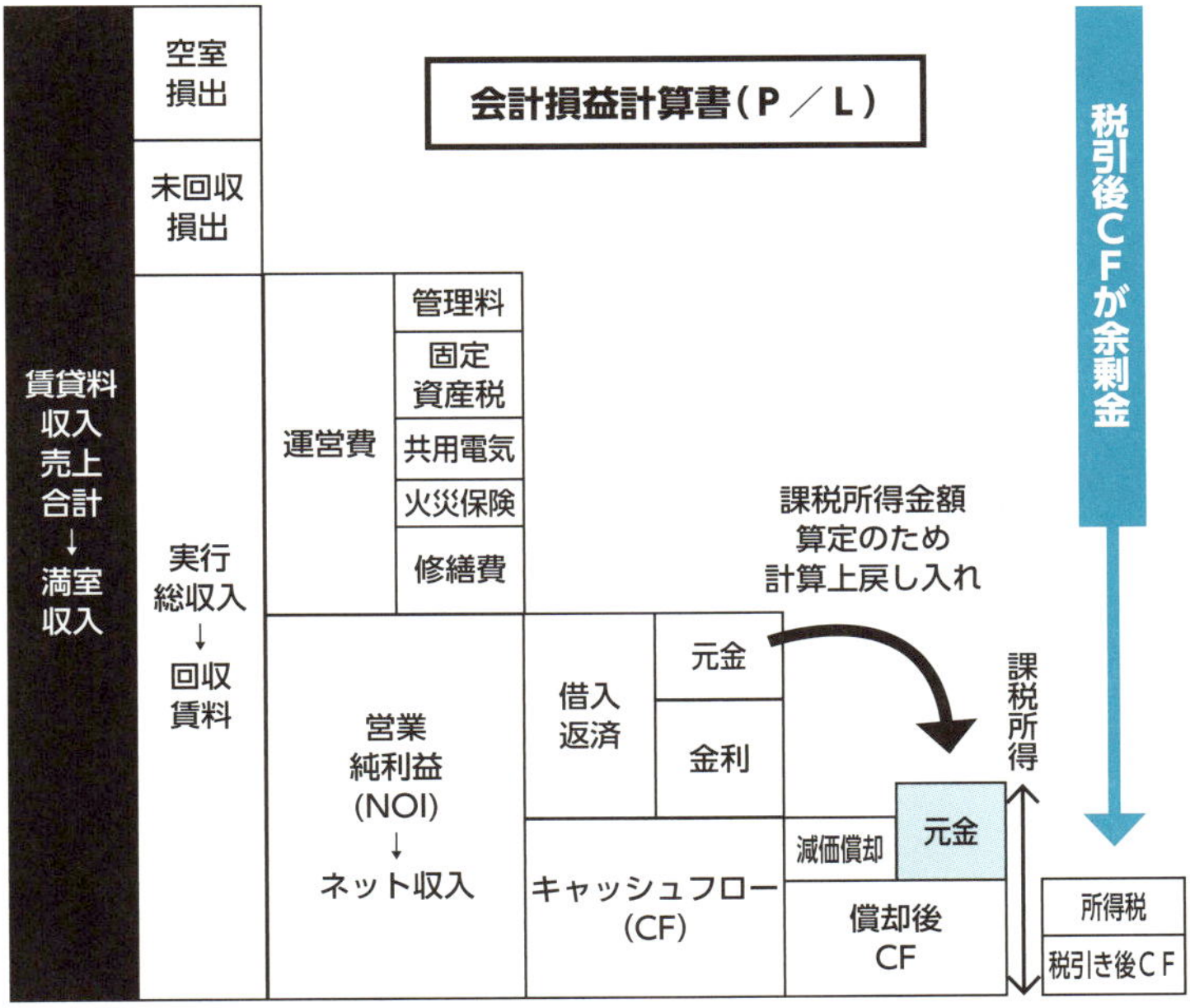

図表1-5 資産形成とは、いかに、「純資産」を増やすか！

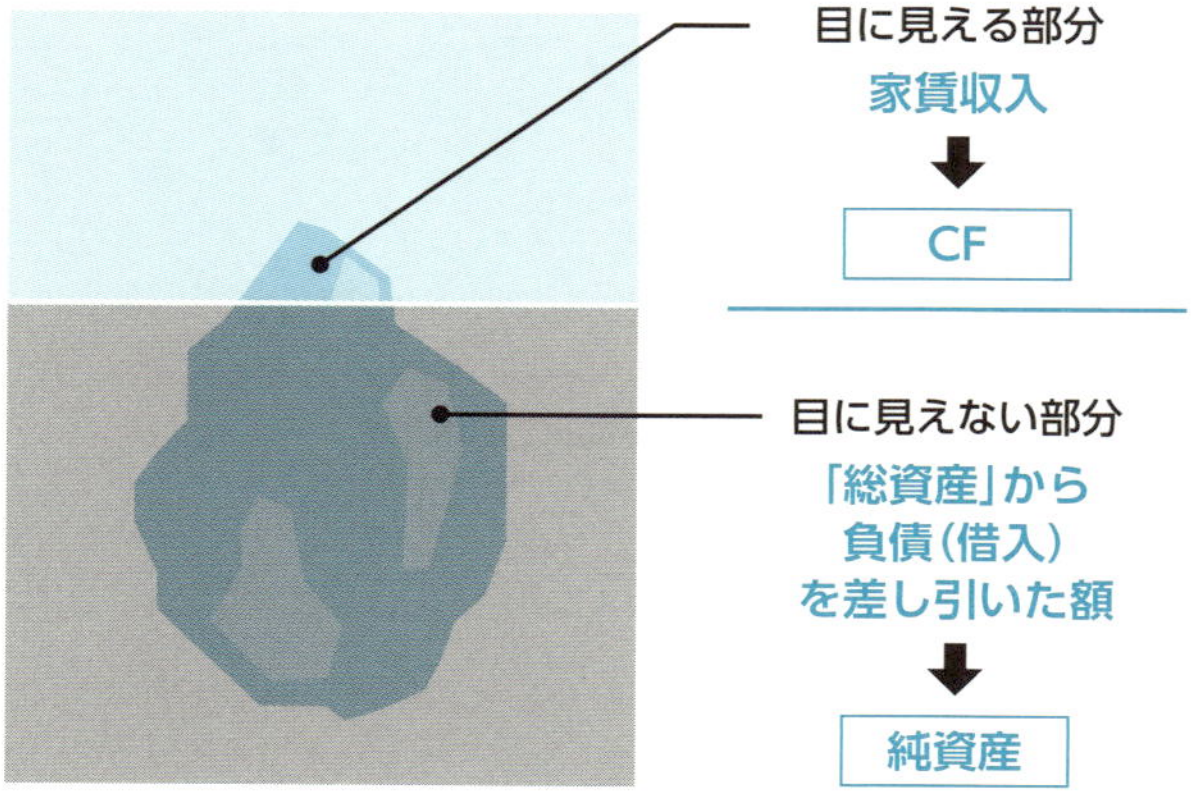

ただし、「純資産」の数値は、決算書の貸借対照表（B／S）に載っている数値で、普段は直接的には目に触れません。目に見えない部分ということから、特に会計に関心がない投資家は、意識せず、そのため重要視していません。

実は、図表1―5の通り、水面に顔を出している部分と、水中の部分の体積の割合に重要度が比例します。目先のCFを増やし蓄積し、その結果として「純資産」を厚くしていくことが、不動産投資の目的であり、資産形成です。

④東京と富山の不動産投資、収益構造のモデル比較

図表1―6は東京と富山の不動産投資による資産形成モデルです。前述の氷山に例え、氷山の成長過程を比較してみました。

図表1-6
東京、富山収益構造モデル比較

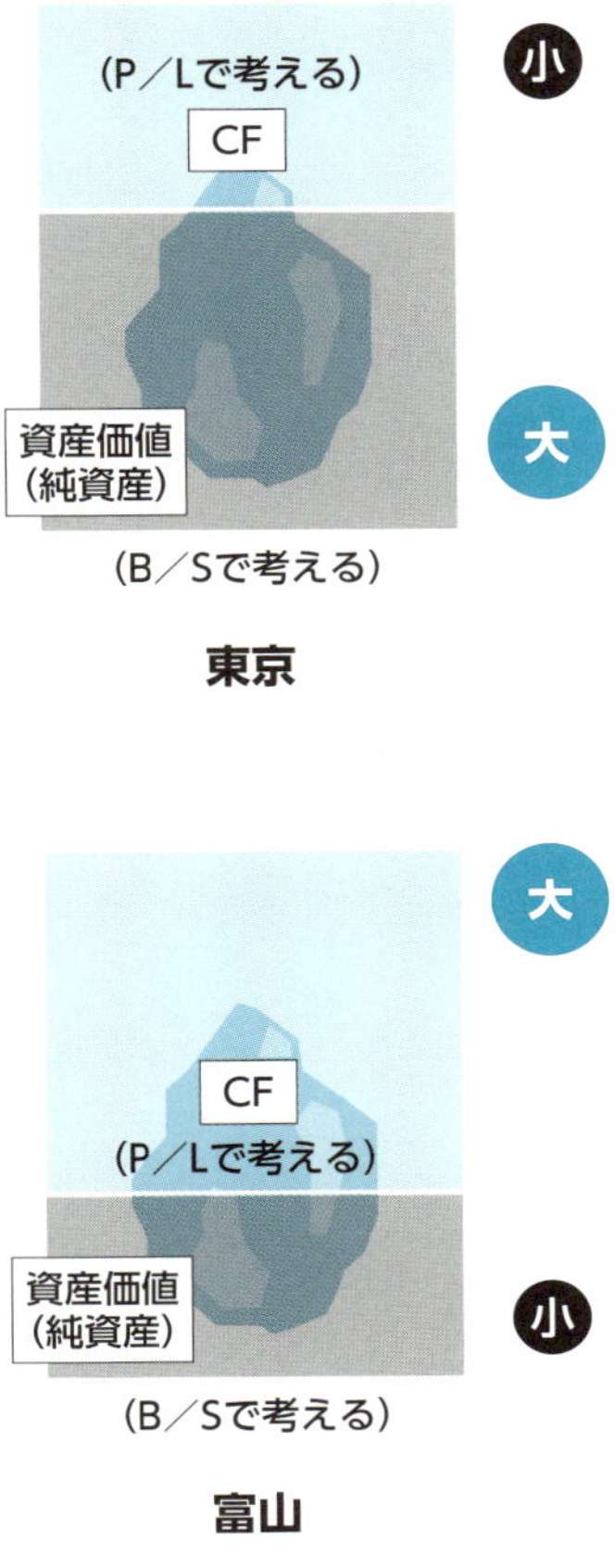

東京では、投資金額に対する家賃収入の比率、すなわち投資利回りは低いです。意外かもしれませんが、地価が高いからで、ＣＦの期待ができません。ですから東京においては、所有不動産の値上がりに伴って資産価値が拡大することにより「純資産」が増加する、というのが特徴です。

それに対して、富山は土地が安い分、必然的に投資利回りが高くなり、ＣＦが大きいのが特徴です。一方、不動産の価値は減少していきます。例えば、富山県における宅地の路線価の平均価格は、２０２４年度で、32年連続の下落となっています。東京と富山では、不動産投資による収益の構造が、全く異なっているのです。

⑤富山と東京における資産形成、純資産増加モデル

富山における資産形成、「純資産」増加モデルを表すと図表１―７のようになります。

いままで話をしてきた通り、富山での不動産投資の特徴である収益率の高さから、ＣＦが積み上がります。その積み上がったＣＦの自重で、海中に氷山が沈み込みます。この沈

図表1-7　富山における資産形成モデル

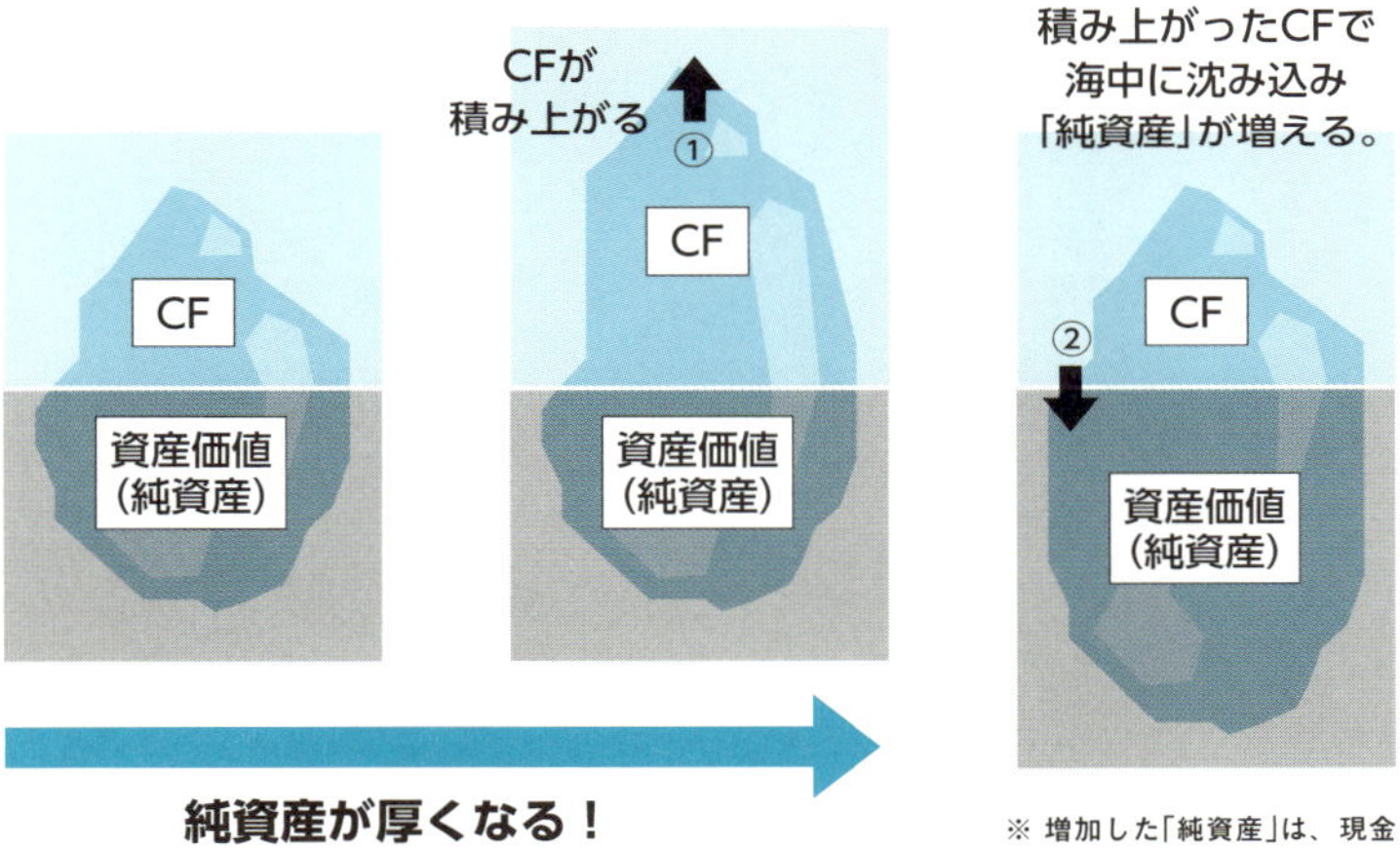

※ 増加した「純資産」は、現金

み込み、水中の体積が増える動きが、「純資産」が増加するイメージです。

それに対して、東京の資産形成、「純資産」増加モデルは、図表1―8になります。

東京の不動産価格の上昇が、連日報道されています。ここ数年、東京都心を中心に、土地価格、新築・中古マンション価格の上昇が続いています。この不動産自体の価格が上昇するとは、水中に沈んでいる氷山の体積が、水中で大きく成長していくイメージになります。

この水中で成長した部分が、「含み資産」と言われる資産で、「純資産」の増加分にな

図表1-8　東京における資産形成モデル

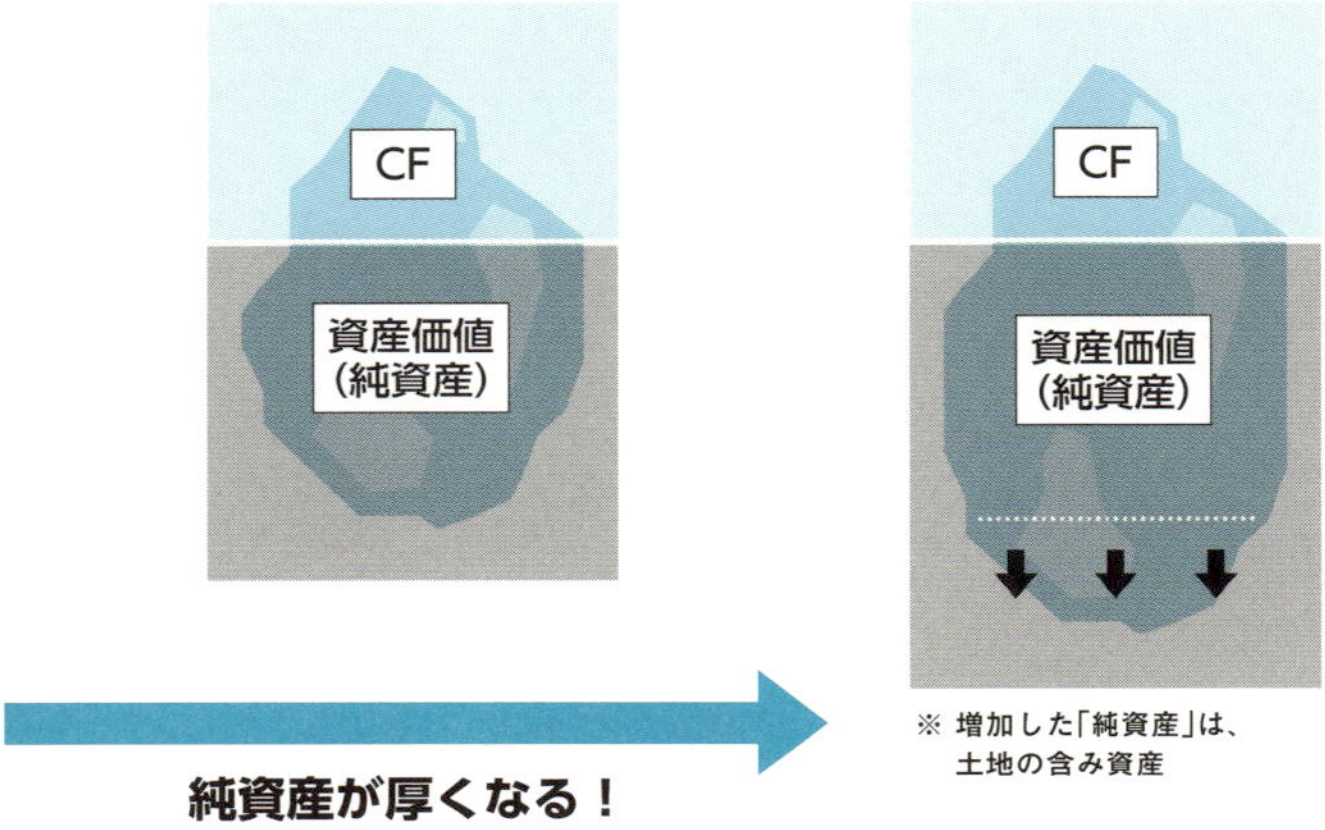

図表1-9　東京における「純資産」の顕在化手法 2つ

ります。東京と富山の資産形成「純資産」増加モデルは、水中に沈んでいる氷山が、氷山自体が成長するのか、ＣＦを通して間接的に成長するのかの違いです。

⑥東京と富山の不動産投資事業モデルを内部収益率（ＩＲＲ）で考える

不動産投資における収益とは、家賃収益によるインカムゲイン（ロス）と、不動産の売却時のキャピタルゲイン（ロス）の和で求めます。この和の収益のことを、「内部収益」と呼びます。

東京と富山の家賃収益と、売却益（損）の特徴を表にしました（図表１―10）。

これまで話してきました通り、東京は、不動産そのものの価格が上昇することから、売却益を狙うという特徴があり、富山は、家賃収益を狙うという特徴が魅力となっています。

ここではさらに、仮に10年という期間を定め、不動産投資の開始から10年後に、この不動産を売却したとして、この間の内部収益率（ＩＲＲ）を比較してみます。

図表1-10 東京・富山の内部収益の特徴・・・

内部収益 ＝ 家賃収益 ＋ 売却益（損）

インカムゲイン（ロス） ＋ キャピタルゲイン（ロス）

	家賃収益	売却益（損）
東京	▲	●
富山	●	▲

東京の不動産投資の内部収益率モデルを図表1―11に示しました。

ここで、数値を単純化して、東京の不動産購入金額を1000万円と仮定します。東京での収益は小さく、年間のCFを20万円、10年間この20万円のCFが継続するとします。10年後の売却金額が1300万円、300万円の売却益、キャピタルゲインが出たとします。

東京においては、不動産価格の上昇で、10年後もキャピタルゲインがあることが、東京での投資の特徴です。この場合の、内部収益率（IRR）は、4・5％と計算されます。

図表1-11　東京の内部収益率(IRR)モデル

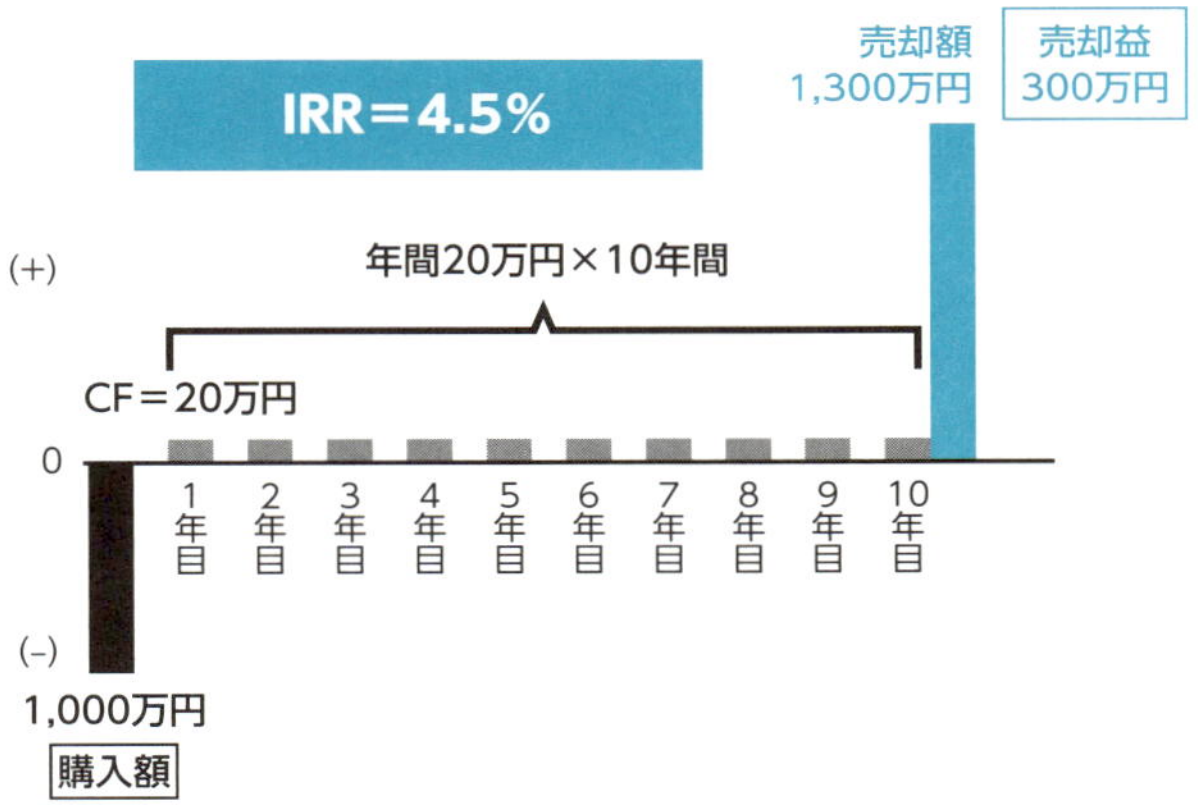

続いて富山の不動産投資の内部収益モデルです。図表1—12に示しました。

東京に合わせて不動産購入金額は1000万円です。富山の特徴は、家賃収益率の高さです。したがって、年間のCFは、東京の3倍、60万円と設定しています。この60万円のCFが10年間継続するとします。

東京と大きく異なるのは、10年後の売却金額です。土地・建物共に不動産の価値が下がり、不動産の売却金額は800万円と、200万円の売却損（キャピタルロス）が出てしまいました。

この場合の内部収益率（IRR）はどのようになるでしょうか？　計算すると4・4%

図表1-12　富山の内部収益率（IRR）モデル

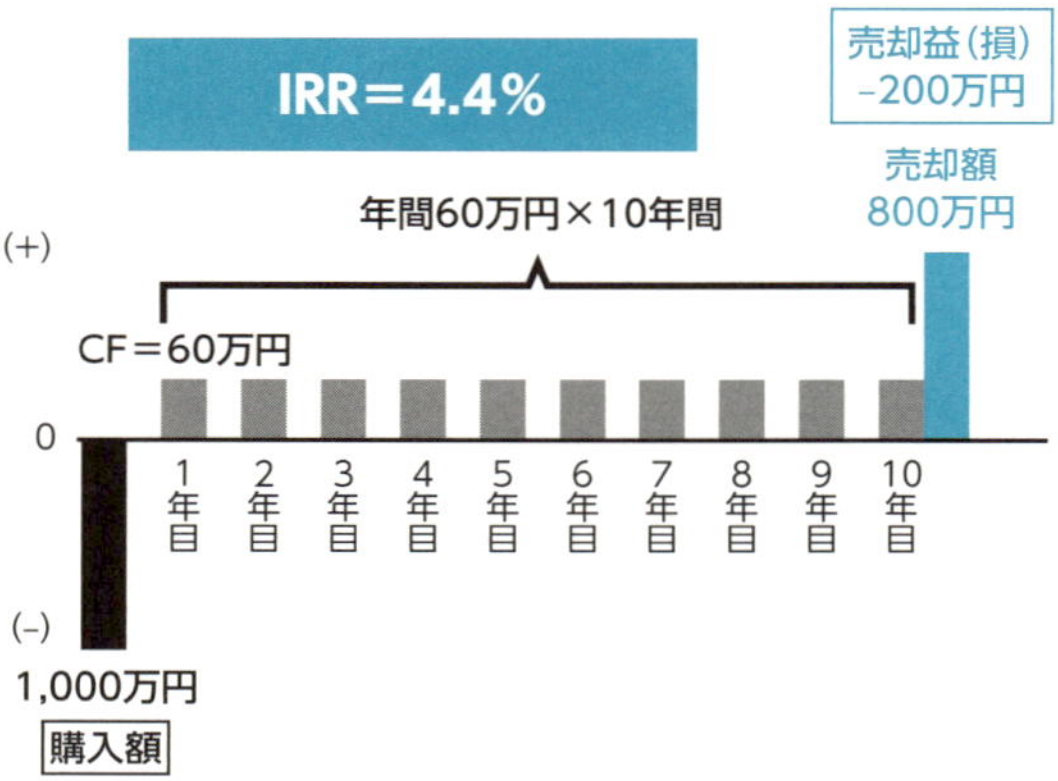

になりました。これが富山の収益モデルになります。

このように、東京と富山の不動産投資においては、収益構造の違いこそあれ、最終的には、内部収益率で考えれば、ほぼ同じ収益となるというのが、投資における原理原則です。

⑦東京、富山のどちらに投資すれば良いのか

このように、家賃による収益に関しては、富山が東京よりも高く、不動産の価格の上昇という観点では、東京に軍配が上がります。

富山の不動産は、値下がりすることを織り込んでの投資判断になりますし、東京で不動産投資は、家賃という収入が、運営費や借入金の返済で、ほとんど手元に残らないケースもあるかもしれません。不動産投資はしたものの、収益がない、実際にCFがマイナスになる投資もありえます。

このような、プラスとマイナスの側面をしっかり認識した上で、東京と富山での不動産投資の選択をしなければなりません。

自己資金が少なく、財務基盤がぜい弱な投資家は、まずは、予測が不可能な特別な支出に備え、現金を貯え、準備しておく必要があります。そして、次の投資のための自己資金の準備もしなければなりません。

そのためには、投資利回りが高い富山での投資が適しています。たとえ、短期的に所有

図表1-13　東京・富山での投資家のイメージ

東京

1. [ターゲット]
- ① 投資歴　⇒　中級者以上
- ②「純資産」　⇒　一定規模
- ③ 投資スタンス　⇒　長期

富山

2. [ターゲット]
- ① 投資歴　⇒　初級者〜
- ②「純資産」　⇒　ほとんどなし
- ③ 投資スタンス　⇒　短期〜

※スタートアップに最適

している不動産の価値が下がったとしても、手元の現金が減るわけではありません。売却しない限り、値下がりによる資産の減少分は顕在化されません。

決算書のB／S（バランスシート）における資産が、目に見えない含み損として存在するだけです。強みである高い収益によって、借入金の返済を進め、さらには預金として蓄えることができれば、財務内容は改善します。

したがって、初めて不動産投資するエリアとして、家賃収入によるインカムゲインが期待できる富山での投資が適していると考えます。

それに対して、東京における不動産投資は、目先のCFを必要としない、実績を積んだ投資家に適しています。将来の値上がり期待ができ、いつでも売却し、値上がり益を享受できる東京の不動産で資産を構成しています。

すでに安定した「純資産」を貯え、確実に資産が増えていく投資家のイメージです。

私はこのように価値が確実に大きくなっていく不動産のことを、「黄金不動産」と呼んでいます。首都圏では、東京3区（港区、中央区、千代田区）の不動産です。少しエリアを広げ東京5区であれば渋谷区、新宿区を追加、さらに広げると、東京23区内に存在するのが「黄金不動産」と言えるでしょう。

⑧「純資産」増加モデルでは税金も考慮する必要あり

もう一つ、忘れてならないのが、家賃収益に課税される所得税です。

個人だと、累進税率で、5％～45％（4億円以上）、それに住民税10％が付加されます。

法人ですと、23・2％（所得金額800万円以下は15％）が課税されます。

したがって、「純資産」を積み上げるためのCFは、納税後のCFで行うことになります。

それに対して、不動産自体の時価評価・価値が上がる場合は、その含み資産の増加額＝増加益への課税はありません（ただし大企業では「外形標準課税」の制度があります）。

それゆえ、税引き後のＣＦで「純資産」を積み上げたい場合は、目標とするＣＦ獲得計画について、税金を考慮して策定する必要があります。「純資産」を増やす手段としては、税金がかかってしまうインカムゲイン狙いよりも、税金がかからないキャピタルゲインを狙う方が、生産性が高い、といった観点もあることをお伝えしておきます。

ここで、注意を要する点は、例えば、東京での不動産投資で、不動産価格が上昇したのち不動産を売却した場合、その不動産の取得原価との差額である譲渡所得に譲渡所得税がかかってくることです。国は、どこまでも、税金を徴収する仕組みで追いかけてきます。

つまり、売却時のキャピタルゲインには税金がかかってくるわけです。個人ですと、所有期間が5年以内の場合は「短期譲渡所得」となり、譲渡益に対する税率は、39・63％、所有期間が5年を超える場合は、「長期譲渡所得」となり、税率は20・315％です。法人の場合、売却に関する損益は、他の所得と合算され、その合算された所得に対して、法人税が課税されます。

「純資産」の増加という観点では、内部留保の含み益として蓄えられた、価値が上がった不動産を現金化するために売却すると譲渡税がかかり、手取り額は減少、結果として資産が目減りしてしまうことになってしまいます。

私が行う資産減少への対策手段は、価値の上がった不動産を担保に、担保力が増した分でお金を調達、借り入れするという方法です。金融機関からの借り入れには、金利という費用がかかってしまいますが、金利は他の利益から経費として計上、利益の圧縮効果もあります。

なによりも、売却による高額の譲渡税を支払う必要がないのが大きなメリットです。現金を必要とする場合で、「純資産」の減少対策として、売却ではなく、当該不動産の担保提供による資金調達が私のお薦めです。

第2章

「不動産ポートフォリオ理論」とは何か

「東京×富山　二刀流投資」の発想は、収益構造の相反する2つの投資を組み合わせることで、不動産投資における「安全性」が高まるのではないかという仮説を立てたことから始まりました。すなわち、「二刀流投資」によって、不動産投資においての失敗、「リスク」を低減し、投資家を守れるのではないかということです。

一般的に金融商品投資、特に株式投資の世界では、すでに「ポートフォリオ理論」が確立されており、複数の金融商品を組み合わせ、長期スパンで投資をすることで、リスクを低減できることが論理的に証明されています。この「ポートフォリオ理論」を、不動産投資においても複数の投資物件の組み合わせで応用していきます。

ポートフォリオ理論に関して、まずは『現代ポートフォリオ理論講義』（根岸康夫公認会計士著、一般社団法人金融財政事情研究会、2006年）を参考に、株式投資における「ポートフォリオ理論」の基本的な概念をできるだけ分かりやすく解説します。

著者の根岸氏は、この著書において、モデルとして株式の値動きを基に「リスク」と「リターン」の関係を解説しています。ここで「ポートフォリオ理論」における「リスク」とは、「値動きの変動幅の大きさ」と定義されます。「リスク」については、この観点で話を展開していきます。

①「リスク」（ブレ幅）の大小による最終資産への影響

前述の通り、この章での「リスク」とは、資産が上下に大きくブレる、「値動きの増減幅が大きいこと」と定義しています。

図表２－１をご覧ください。

資産Ａは毎年のブレ幅が50％～△40％、上げ・下げ幅±90％とブレ幅の大きい資産です。これに対して、資産Ｂは毎年のブレ幅が10％～△５％で上げ・下げ幅±15％と資産Ａに比較してブレ幅の小さい資産です。つまり、資産Ａはリスク大、資産Ｂはリスク小の投資資産と言い換えることができます。

それぞれの資産の年次の単純平均増減率を計算すると、資産Ａは５％、資産Ｂは２・５％となります。資産Ａと、資産Ｂが、10年後に資産がどうなっているかを計算してみます（図表２－２～２－３）。

図表2-1 ブレ幅の大小による資産の増減比較

資産 A（大）：50%〜-40%、資産 B（小）：10%〜-5%

	1年目	2年目	3年目	4年目	5年目
資産A	50%	-40%	50%	-40%	50%
資産B	10%	-5%	10%	-5%	10%

6年目	7年目	8年目	9年目	10年目	平均リターン
-40%	50%	-40%	50%	-40%	**5%**
-5%	10%	-5%	10%	-5%	**2.5%**

するとどうでしょう、資産Aの10年後の最終資産は59・1、資産Bは124・6と計算されました。この結果に、読者の皆さんはどのような感想を持たれましたか。

私は、平均の増加率が資産Aは5%と、資産Bの2・5%の2倍も高いわけですから、当然に資産Aの10年後の最終資産が資産Bよりも大きくなるはずと予想していました。

その予想に反して、資産Bの方が資産Aより10年後の最終資産が大きな値となりました。この結果は、何を表しているでしょうか。投資において、毎年の資産のブレ幅の大きい、リスクの高い投資は、資産がその年によっては目減りが大きい。一方、ブレ幅が小さい、リスクの低い投資は、資産が堅調に増えると

図表2-2　各資産ごとの増減比較 ①

【資産 A】（50%～-40%）

	0年目	1年目	2年目	3年目	4年目	5年目
年次リターン		50%	-40%	50%	-40%	50%
資産推移	100	150	90	135	81	121.5

	6年目	7年目	8年目	9年目	10年目	平均リターン
年次リターン	-40%	50%	-40%	50%	-40%	**5%**
資産推移	72.9	109.4	65.6	98.2	59.1	**59.1**

図表2-3　各資産ごとの増減比較 ②

【資産 B】（10%～--５％）

	0年目	1年目	2年目	3年目	4年目	5年目
年次リターン		10%	-5%	10%	-5%	10%
資産推移	100	110	104.5	115	109.2	120.1

	6年目	7年目	8年目	9年目	10年目	平均リターン
年次リターン	-5%	10%	-5%	10%	-5%	**2.5%**
資産推移	114.1	125.5	119.3	131.2	124.6	**124.6**

いうことです。つまり、資産を安定して増やすための投資においては、変動幅を小さくすることが重要な視点になります。

②資産の下げがない場合との比較

それでは、続いて、資産Bのブレ幅の年間平均変動率2・5％と同じ平均変動率2・5％の資産Cとの比較をしてみます。

ここで、資産Cは、毎年一律2・5％のプラス変動で、マイナスにブレる変動はありません。つまりブレ幅はゼロ、リスクゼロの投資です。

この資産Cの資産の動きを表にしたものが図表2－4です。

10年目の最終の資産は、128・0となりました。なんと、資産Bの124・6よりもさらに大きくなりました。資産A、資産B、資産Cの10年後の数値をまとめて一覧表にしたのが図表2－5です。

図表2-4　各資産ごとの増減比較 ③

【資産 C】

	0年目	1年目	2年目	3年目	4年目	5年目
年次リターン		2.5%	2.5%	2.5%	2.5%	2.5%
資産推移	100	102.5	105.1	107.7	110.4	113.1

	6年目	7年目	8年目	9年目	10年目	平均リターン
年次リターン	2.5%	2.5%	2.5%	2.5%	2.5%	**2.5%**
資産推移	116.0	118.9	121.8	124.9	128.0	**128.0**

図表2-5　各資産ごとの増減比較 ④

[重要]下落幅が小さいことが、資産の目減りを守る。

	ブレ幅	平均	変動幅	10年後最終資産
資産A	50% ～ –40%	5%	90%	59.1
資産B	10% ～ –5%	2.5%	15%	124.6
資産C	2.5%	2.5%	0%	128.0

図表2-6　ポートフォリオ 第一法則

「収益率の変動幅（リスク）が大きい場合、期間が長くなれば長くなるほど、収益（リターン）は低くなる。」

※ 複利効果も低くなる。

3つの資産の比較において、ブレ幅（変動幅）が小さいことが、資産を守り、資産を増やすことにつながると、計算によって確認できました。

【重要ポイント】ポートフォリオ 第一法則
投資においては「収益率の変動率（リスク）が大きい場合、期間が長くなれば長くなるほど、収益（リターン）は低くなる」

③リスクとリターンの条件設定（株式投資を例に）

ここで、分かりやすい説明をするため、改めて株式を投資対象とした場合で話を進めさせていただきます。

まずは、リスクについて条件を定めます。ローリスク株の条件として、変動額が隔年で+5～△5まで、10の幅で上下する株を想定します。そして、ハイリスク株の条件は、変動額が隔年で+30～△30まで、60の幅で上下する株を想定します。

次に、リターンについてです。毎年、安定して5%上昇する株をローリターン株として扱います。そして、毎年、15%と上昇幅の大きい株をハイリターン株として扱います。

④リスクとリターンとの組み合わせ

上記のローリスク、ハイリスク、そして、ローリターン、ハイリターンを組み合わせて、株式投資を行った場合、リスクとリターンの組み合わせによって、資産の増減がどのように変化するのか、シミュレーションをしてみます。組み合わせは、以下の4通りになります。

①ローリスク+ローリターン（L／L）
②ローリスク+ハイリターン（L／H）
③ハイリスク+ローリターン（H／L）
④ハイリスク+ハイリターン（H／H）

初期投資額を100とします。すなわちスタート時の株の価格は100です。

この4通りの投資を行った場合の価格の毎年の変動を、それぞれ、図表に表しました（①図表2－7、②図表2－8、③図表2－9、④図表2－10）。

横軸のX軸が年、縦軸のY軸が株価です。また前述したように、リスクとリターンは、それぞれ

図表2-7　リスク と リターン ①

1．ロー リスク ＋ ロー リターン　[Y＝5X＋100±5]

（※ X=0は、Y=100。X=1,3,5はY=5X+100+5。X=2,4,6はY=5X+100−5。）

	0年目	1年目	2年目	3年目	4年目	5年目	6年目
L／L	100	110	105	120	115	130	125

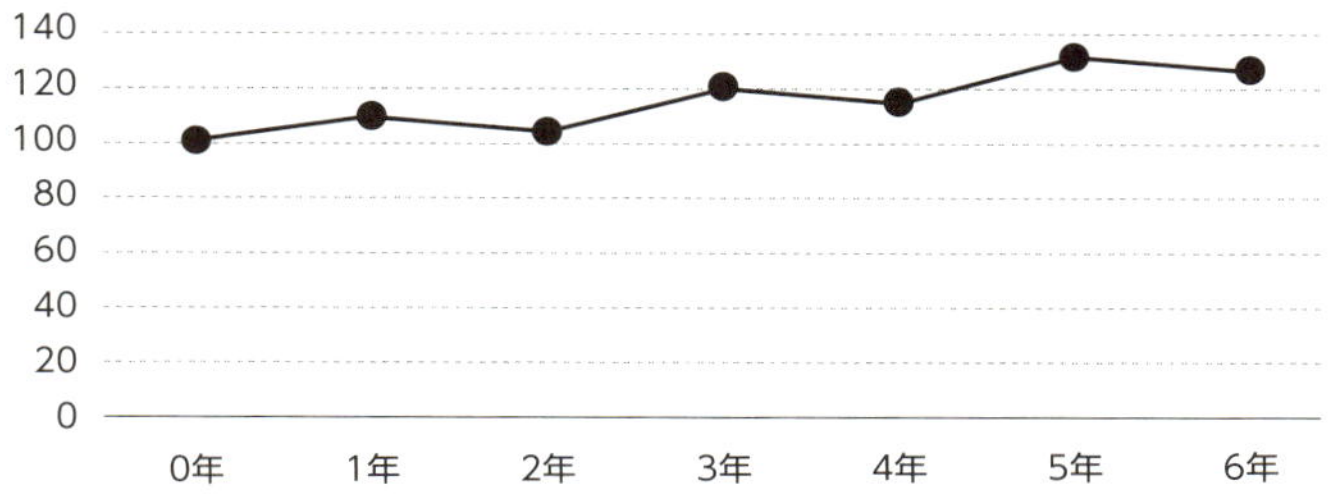

図表2-8　リスク と リターン ②

2．ロー リスク ＋ ハイ リターン　[Y＝15X＋100±5]

（※ X=0は、Y=100。X=1,3,5はY=15X+100+5。X=2,4,6はY=15X+100−5。）

	0年目	1年目	2年目	3年目	4年目	5年目	6年目
L／H	100	120	125	150	155	180	185

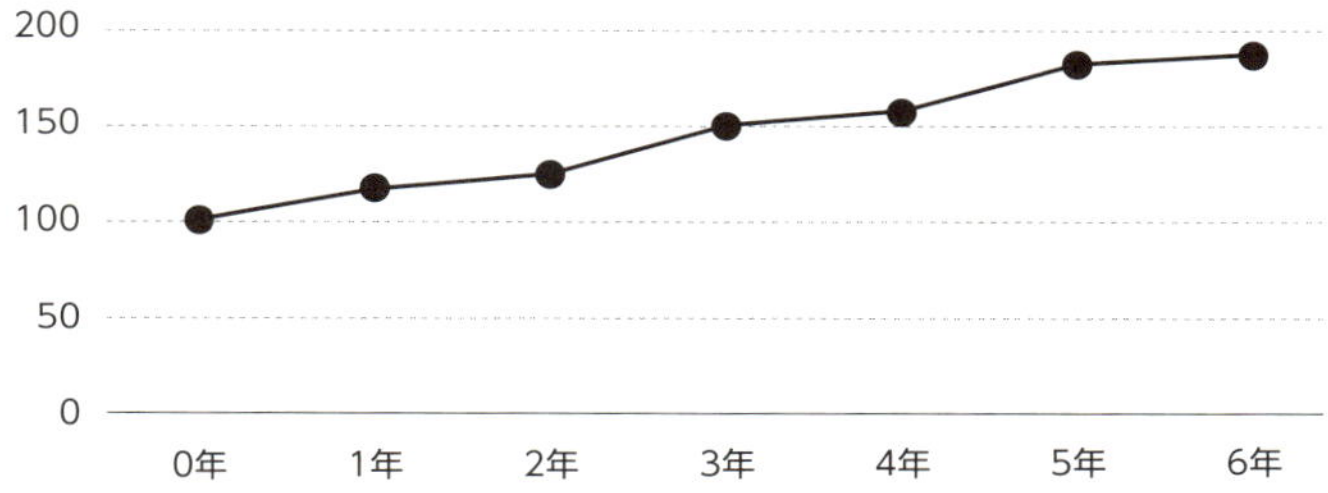

図表2-9 リスク と リターン ③

3．ハイ リスク ＋ ロー リターン　[Y＝5X＋100±30]

(※ X=0は、Y=100。X=1,3,5はY=5X+100+30。X=2,4,6はY=5X+100−30。)

	0年目	1年目	2年目	3年目	4年目	5年目	6年目
H／L	100	135	80	145	90	155	100

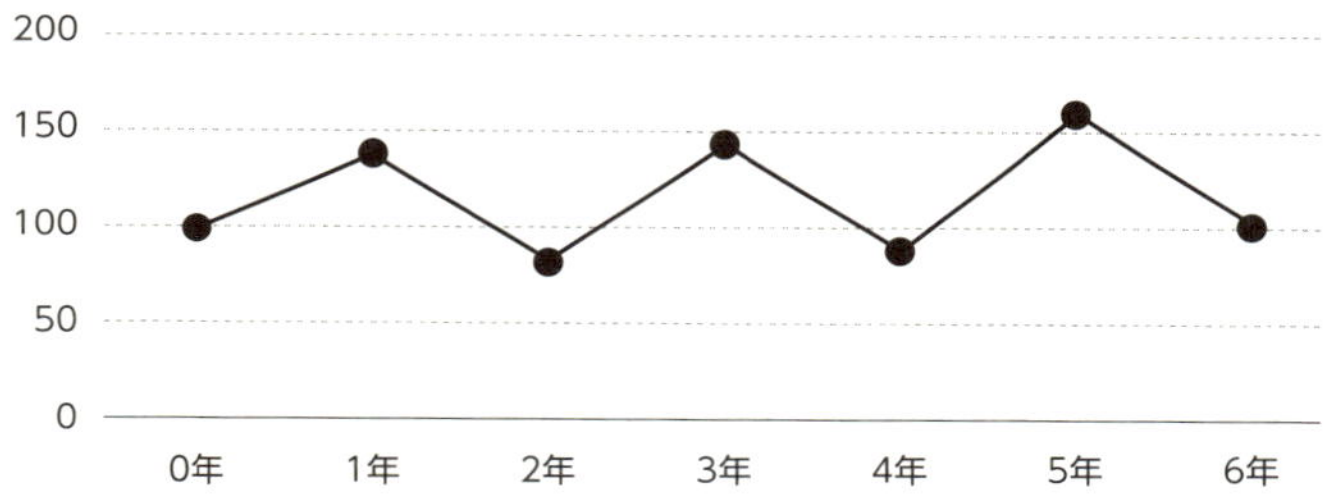

図表2-10 リスク と リターン ④

4．ハイ リスク ＋ ハイ リターン　[Y＝15X＋100±30]

(※ X=0は、Y=100。X=1,3,5はY=15X+100+30。X=2,4,6はY=15X+100−30。)

	0年目	1年目	2年目	3年目	4年目	5年目	6年目
H／H	100	145	100	175	130	205	160

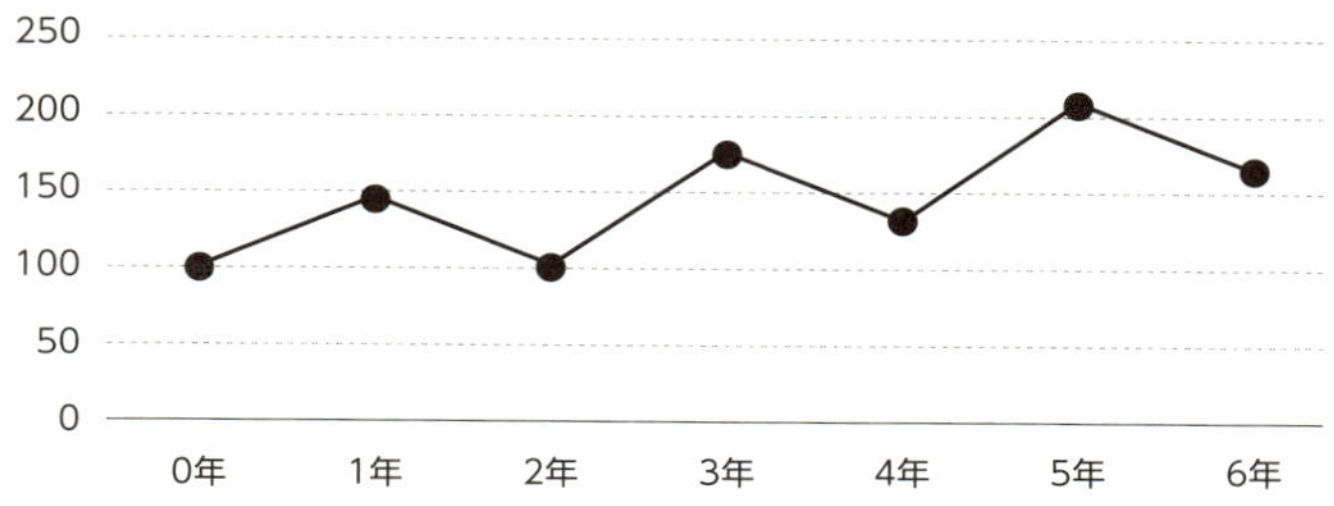

①ローリスク＝±5の変動
②ハイリスク＝±30の変動
③ローリターン＝5％の上昇
④ハイリターン＝15％の上昇

とします。

数式で表現すると、それぞれ、以下の通りとなります。改めて、Xは年、Yは株価を表します。

①Y＝5X＋100±5（L／L）ローリスク・ローリターン
［X＝0は、Y＝100。X＝1、3、5はY＝5X＋100＋5。
X＝2、4、6はY＝5X＋100－5］

②Y＝15X＋100±5（L／H）ローリスク・ハイリターン

〔X＝0は、Y＝100。X＝1、3、5はY＝15X＋100＋5。X＝2、4、6はY＝15X＋100－5〕

③Y＝5X＋100±30（H／L）ハイリスク・ローリターン
〔X＝0は、Y＝100。X＝1、3、5はY＝5X＋100＋30。X＝2、4、6はY＝5X＋100－30〕

④Y＝15X＋100±30（H／H）ハイリスク・ハイリターン
〔X＝0は、Y＝100。X＝1、3、5はY＝15X＋100＋30。X＝2、4、6はY＝15X＋100－30〕

この①～④を一つにまとめたのが図表2－11です。

また、これをグラフにしたのが図表2－12となります。

図表2-11　リスク と リターン ⑤

		0年目	1年目	2年目	3年目	4年目	5年目	6年目
1	L／L	100	110	105	120	115	130	125
2	L／H	100	120	125	150	155	180	185
3	H／L	100	135	80	145	90	155	100
4	H／H	100	145	110	175	130	205	160

図表2-12　リスク と リターン ⑥

【問】ローリスク＋ハイリターン(2)、ハイリスク＋ローリターン(3)は、実在するか!?

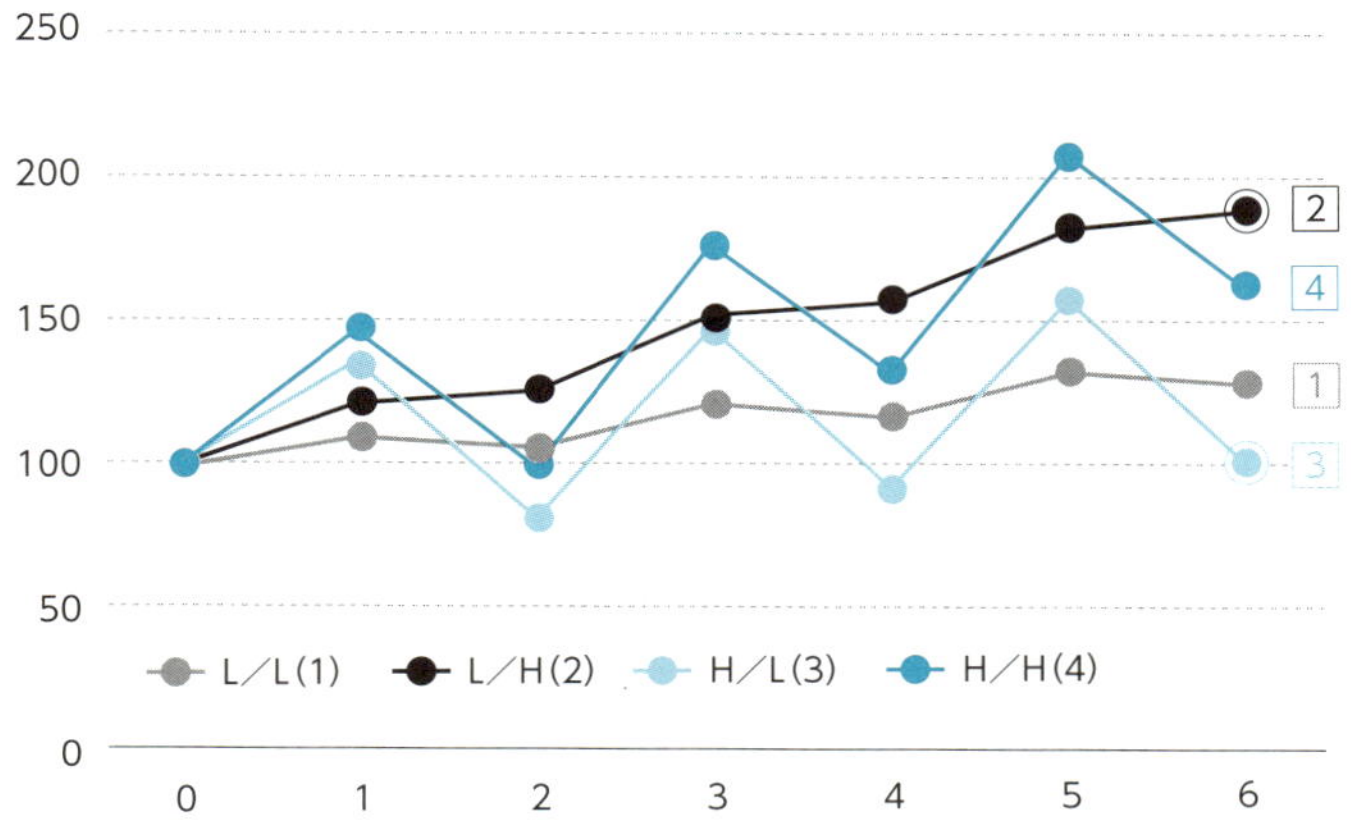

図表2－12から読み取れることは、6年目の最終資産が一番大きな数値になっているのは②で、額が185、ローリスク＋ハイリターンになりました。

一方、6年目に資産が一番目減りしたのは③で、額が100、ハイリスク＋ローリターンになりました。

ローリスクでありながらハイリターンである株が一番値上がりしました。まさに、投資家の求める理想の投資パターンです。一方、ハイリスクでありながら、ローリターンは、投資家が避けるべき投資と言えます。

⑤投資におけるリスクとリターンの関係

一般的な投資の世界で、リスクとリターンの関係を考えてみましょう。

高いリターンを求める投資家は、高いリスクを取ります。つまり、高いリスクを背負うことで、高いリターンを獲得するのです。

一方、資産の目減りを避けたい、リスクを取りたくない投資家は、当然にリターンが少ないことを是と考えます。無リスク資産の代表例が、例えば日本国債への投資です。期日まで保有すれば、低い利回りではありますが、確実に約束された利率が付加され、戻ってきます。元本割れの心配はありません。

一発逆転の大穴狙いのハイリスク・ハイリターン。元本は保証され、堅実に資産を増やしたい、ローリスク・ローリターンの投資家、そして、この中間であるミドルリスク・ミドルリターンの投資家など、投資家の投資基準に則って投資が繰り広げられています。

それでは、次に、投資の世界において、ローリスクでありながらハイリターンという都合の良い投資、あるいは、ハイリスクにもかかわらず、ローリターンという悲惨な投資が、実世界に存在するでしょうか。この問いに関して考えてみたいと思います。

⑥ローリスク＋ハイリターン（L／H）の修正

改めて、ローリスク・ハイリターン株を、毎年の株価のブレ幅が隔年で交互に＋5〜△5と10の幅で上下し、毎年15％と大きく上昇する株とします。初期投資額は100からのスタートです。

この株は、計算によれば、6年後に185になります。100でスタートした株が6年後に185になると期待されるとすれば、この投資は、資産を大きく増やす可能性のある投資です。当然に、この株に投資したい投資家からの買い注文が集中、この株は大きく価格を上げることになるでしょう。


ここで、このケースの修正シミュレーションをしてみましょう。3年目の株価150が25上がって175になったとします。その後3年間（合計で6年後）で185に収まるとすれば、3年目からの株価175から再スタートした投資は、逆算するとリターン5%に下がり、ローリターンになってしまいました（図表2－13）。

すなわち、途中で株の価値が上がったために、ローリスク＋ハイリターンであった株式投資は、ローリスク＋ローリターンに修正されてしまったのです（図表2－14）。

図表2-13　リスク と リターン ⑦ー1

5．ロー リスク ＋ ハイ リターンの修正

(※2 X=0は、Y=100。X=1,3,5はY=15X+100+5。X=2,4,6はY=15X+100−5。)

	0年目	1年目	2年目	3年目	4年目	5年目	6年目
2.L／H	100	120	125	150	155	180	185
修正				+25			
5.L／L				175	175	190	185

(※5. X=3は、Y=175。X=4,6はY=5(X−3)+175−5。X=5はY=5(X-3)+175+5。)

［ 2.Y＝15X＋100±5 ］

↓ Y＝150＋25

3年目～　［ 5.Y＝　5X＋175±5］　（４年目を又X=1としてスタート）

図表2-14　リスク と リターン ⑦ー2

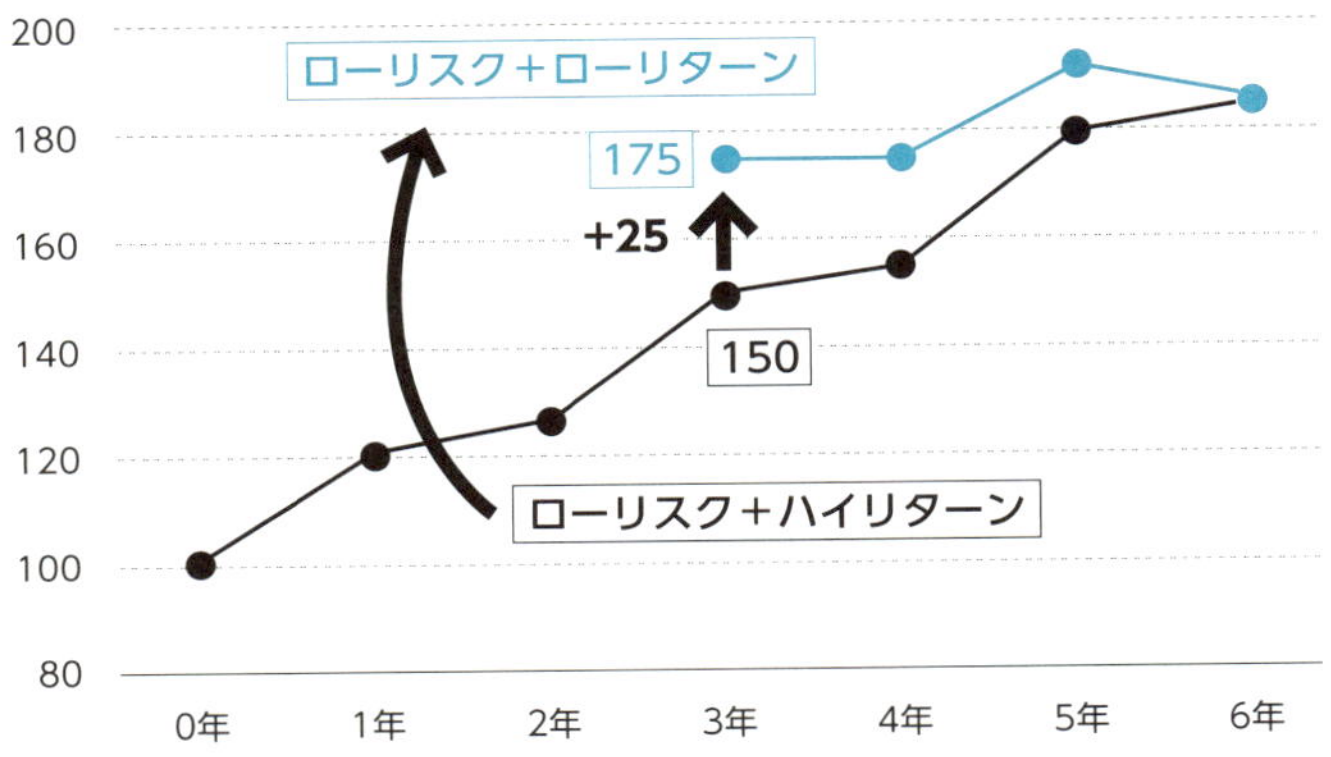

⑦ハイリスク+ローリターン（H／L）の修正

同様に、ハイリスク・ローリターン株を、毎年の株価のブレ幅が隔年で交互に＋30～△30と60の幅で大きく上下し、毎年5％と手堅く上昇する株とします。

初期投資額は100からのスタートです。この株は、シミュレーションによれば、6年後に100と初期投資額と同じ額になることが想定されています。この投資は、言うまでもなく妙味がなく、投資としての価値がありませんよね。

したがって、この株に投資している投資家は、株を市場にて売却するでしょう。今回のケースでは、3年後に、集中的に株が売られ、これにより、3年目の株価145から60下がり85になりました（図表2－15）。

その後3年間（合計で6年後）で100に収まるとすれば、3年目からの株価85から、再スタートした投資は、逆算するとリターン15％に上がり、ハイリターンに生まれ変わったことになります。魅力のない株は売られ、価値が下がることで、株式市場は構成されています。ハイリスク＋ローリターンの株は、ハイリスク＋ハイリターンの株に修正されま

図表2-15　リスク と リターン ⑧−1

6．ハイ リスク ＋ ロー リターンの修正

（※3. X=0は、Y=100。X=1,3,5はY=5X+100+30。X=2,4,6はY=5X+100-30。）

	0年目	1年目	2年目	3年目	4年目	5年目	6年目
3.H／L	100	135	80	145	90	155	100
修正				△60			
6.H／H				85	70	145	100

（※6. X=3は、Y=85。X=4,6はY=15(X−3)+85−30。X=5はY=15(X−3)+85+30。）

［3.Y＝ 5X ＋100±30］

Y＝145−60

3年目〜　［6.Y＝15X＋85±30］　（4年目を又X=1としてスタート）

図表2-16　リスク と リターン ⑧−2

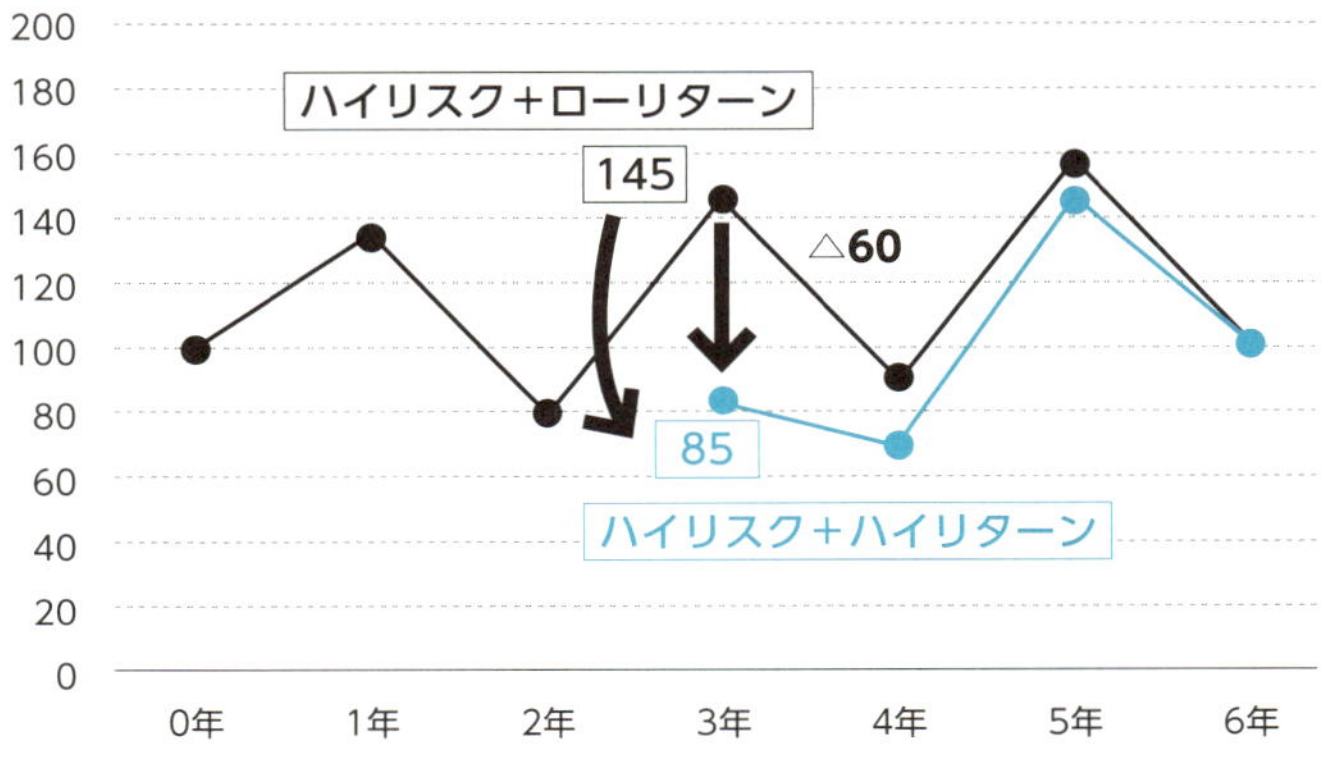

した（図表2－16）。

⑧【まとめ】投資におけるリスクとリターンの関係

以上の結果から、一時的に存在する、ローリスク＋ハイリターン投資は、価値が見直され、価値が上がります。つまり、瞬時の内に、ローリスク＋ローリターン投資に修正されます。同じように、ハイリスク＋ローリターン投資は、価値が下がることで、ハイリスク＋ハイリターンの投資に修正されることになります。したがって、投資の世界においては、ローリスクの場合はローリターン、ハイリスクの場合はハイリターンが原理原則になります。

⑨ポートフォリオにおける相関関係とは――正の相関関係

ここまでは、リスクとリターンの関係性について話をしてまいりました。ここからは、いよいよポートフォリオ理論の本題、ポートフォリオを組むことで、リスクが下がり、リ

図表2-17　正の相関関係 ①－1

1．Ａ株、Ｂ株の株価と収益率の推移

		0年目	1年目	2年目	3年目	4年目	5年目	平均
A株	株価	50	63.5	58.4	77.1	67.1	81.9	
	収益率		27.0%	-8.0%	32.0%	-13.0%	22%	12.0%
B株	株価	50	58	51	61.3	51.5	57.6	
	収益率		16.0%	-12.0%	20.0%	-16.0%	12.0%	4.0%
A+B株	株価	100	121.5	109.4	138.4	118.6	139.5	
	収益率		21.5%	-10.0%	26.5%	-14.3%	17.6%	8.3%

ターンを大きくすることができるということを、数値で実証していきます。まさに、投資の醍醐味、ポートフォリオ理論の魔術に触れていただきます。

図表２－17に、例としてＡ株、Ｂ株の５年間の株価推移と収益率を一覧にしています。

ここで、繰り返しの確認をさせていただきます。株価のブレ幅の大小を、「リスクが高い・低い」と定義しています。さらには、このリスクの高い・低いを、標準偏差という数値に置き換え、判断していきます。

標準偏差とは、平均値、中央値からのバラつきを数値化した指標です。すなわち、リス

クが高い投資は、標準偏差の値が大きくなり、リスクが低い投資は、標準偏差の値が小さくなります。標準偏差を扱う上で、今後は、株価の上がり下がりの変動率を、収益率という単語に置き換えます。

ここで、事例の紹介をしましょう。

図表2－17では、A株の最初の投資額を50とし、5年目には81・9となるケースを想定します。このケースでは、収益率の平均は12・0％です。

続いてB株です。最初の投資額は同じく50で、5年後は57・6、収益率の平均は4・0％と想定します。ここで、A株とB株を同時に購入した場合、合計での投資実績は、どのようになるでしょうか。

A株とB株の株価を毎年足し算します。初期の総投資額100に対して、5年後は139・5になりました。年次の平均の収益率は8・3％です。これをグラフにしたものが、図表2－18です。

このケースでは、グラフの通り、A株とB株の動きが連動し、上下しています。このよ

図表2-18　A株・B株・A株＋B株の株価の5ヶ年推移

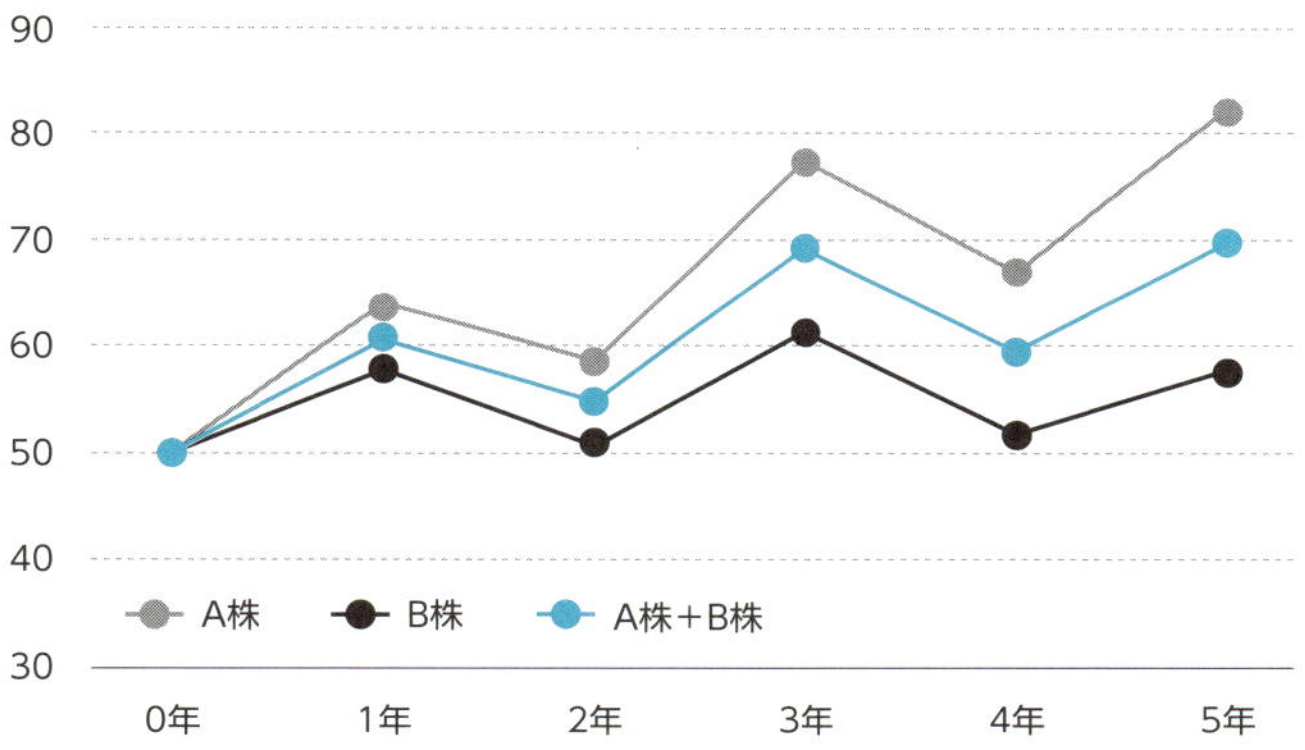

うに、上下の動きが、同じ動きをしている2つの株の関係性を、「正の相関関係」と呼びます。当然に、A株とB株を組み合わせたグラフも、A株とB株の中間値となって、同じ動きとなっています。

ここで、この節の冒頭に説明した通り、この投資のリスクを判断するために、A株、B株、A株＋B株の3通りにおける標準偏差を計算してみます。

計算式は少々難しくなりますが、計算手順をA株については図表2－19で、B株は図表2－20で、A株＋B株は図表2－21で示します。

この3つの標準偏差をまとめ、比較した結果が、図表2－22です。

図表2-19 正の相関関係 ①－3

1．A株の標準偏差の計算 【計算式：σ＝√［Σ（Ri-Ei）2乗×p］】

収益率	平均値	偏　差		生起確率	分　散
［R］	［E］	［R-E］	[(R-E)2乗]	［p］	[(R-E)2乗×p]
27.0%	12.0%	15.0%	225.0%	20%	45.0%
-8.0%	12.0%	-20.0%	400.0%	20%	80.0%
32.0%	12.0%	20.0%	400.0%	20%	80.0%
-13.0%	12.0%	-25.0%	625.0%	20%	125.0%
22.0%	12.0%	10.0%	100.0%	20%	20.0%
(60.0%)			(1,750.0%)	(100%)	(350.0%)

※ A株の標準偏差σ：√350%=18.7

図表2-20 正の相関関係 ①－4

1．B株の標準偏差の計算 【計算式：σ＝√［Σ（Ri-Ei）2乗×p］】

収益率	平均値	偏　差		生起確率	分　散
［R］	［E］	［R-E］	[(R-E)2乗]	［p］	[(R-E)2乗×p]
16.0%	4.0%	12.0%	144.0%	20%	28.8%
-12.0%	4.0%	-16.0%	256.0%	20%	51.2%
20.0%	4.0%	16.0%	256.0%	20%	51.2%
-16.0%	4.0%	-20.0%	400.0%	20%	80.0%
12.0%	4.0%	8.0%	64.0%	20%	12.8%
(20.0%)			(1,120.0%)	(100%)	(224.0%)

※ B株の標準偏差σ：√224%=15.0

図表2-21　正の相関関係 ①－5

1．Ａ株＋Ｂ株の標準偏差の計算　【計算式：σ＝√［Σ (Ri-Ei) 2乗×ｐ］】

収益率	平均値	偏　差		生起確率	分　散
［R］	［E］	［R－E］	［(R－E) 2乗］	［p］	［(R－E) 2乗×p］
21.5%	8.3%	13.2%	174.2%	20%	34.8%
-10.0%	8.3%	-18.3%	334.9%	20%	67.0%
26.5%	8.3%	18.2%	331.2%	20%	66.2%
-14.3%	8.3%	-22.6%	510.8%	20%	102.2%
17.6%	8.3%	9.3%	86.5%	20%	17.3%
(41.3%)			(1,437.6%)	(100%)	(287.5%)

※ Ａ株＋Ｂ株の標準偏差σ：√287.5%=17.0

図表2-22　正の相関関係 ①－2

2．Ａ株、Ｂ株、Ａ株＋Ｂ株のリスク(標準偏差)

	0年目	1年目	2年目	3年目	4年目	5年目
A株	50	63.5	58.4	77.1	67.1	81.9
B株	50	58	51	61.3	51.5	57.6
A株＋B株	50	60.75	54.7	69.2	59.3	69.75

	リターン平均値	リスク標準偏差
A株	12.0%	18.7
B株	4.0%	15.0
A株＋B株	8.3%	17.0

この表によれば、標準偏差値は、A株は18・7、B株は15・0、A株＋B株が17・0と、標準偏差値はA株とB株の平均的な数値となり、A株とB株を組み合わせても、リスクの低減にはなっていないことが分かります。

（注）標準偏差（σ）＝√［Σ（Ri－Ei）二乗×p］

⑩ポートフォリオにおける相関関係とは――負の相関関係

次に、A株の条件は変わらないとして、新たに条件の違うC株のケースを見てみましょう。

C株のB株との違いは、A株とは違って真逆の上下運動をすることです。対照実験として扱いたいので、C株の収益率の平均値は、4・0％と、B株と同じに設定しています。

A株とC株、A株＋C株の合計は図表2－23の通りです。

この表では、A株の最初の投資額50が、5年目には81・9、収益率の平均は12・0％で、前節と変わらずです。

C株の最初の投資額50は、5年後は57・3です。繰り返しになりますが、収益率の平均

図表2-23　負の相関関係 ①－1

1．A株、C株の株価と収益率の推移

		0年目	1年目	2年目	3年目	4年目	5年目	平均
A株	株価	50	63.5	58.4	77.1	67.1	81.9	
	収益率		27.0%	-8.0%	32.0%	-13.0%	22%	12.0%
C株	株価	50	45	54.9	47.1	59	57.3	
	収益率		-10%	22%	-14%	25%	-3%	4.0%
A+C株	株価	100	108.5	113.3	124.2	126.1	139.2	
	収益率		8.5%	4.4%	9.6%	1.5%	10.4%	6.9%

は４・０％で、この収益率の平均はB株と同じです。ここで、A株とC株を同時に購入した場合を考えます。

初期の総投資額１００に対して、５年後の株価合計額は１３９・２で、これもA株＋B株の最中価格とほぼ変わらずです。

年次の平均収益率は８・３％から６・９％と１・４％下がっています。これをグラフにしたものが、図表２－24です。

A株と、C株のグラフで動きを見てみると、上がり下がりが真逆になっています。このように、２種類の株価の上下が真逆の動きをする関係を「負の相関関係」と呼びます。

それでは、さっそく、負の相関関係となっ

図表2-24　A株・C株・A株＋C株の株価の5ヶ年推移

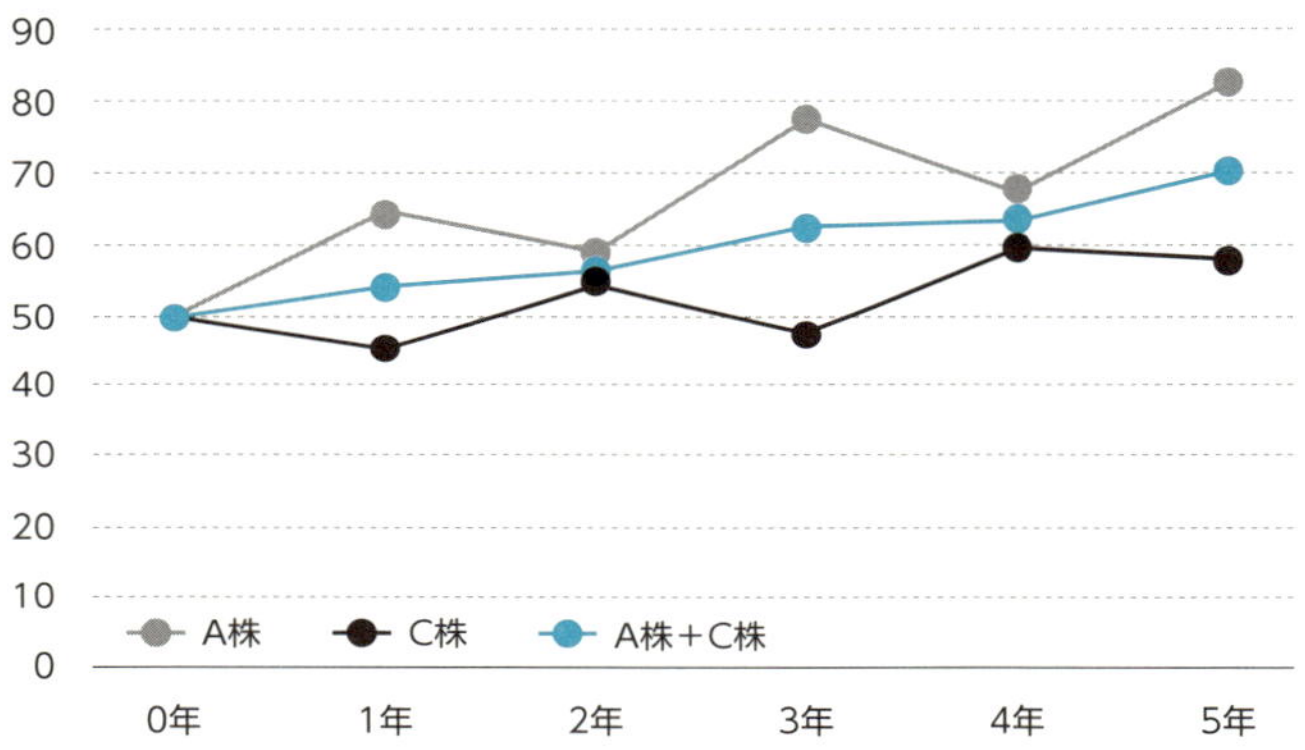

ているA株、C株、A株＋C株の標準偏差を計算してみます。計算手順は、A株が図表２－25（図表２－19と同じ）、C株は図表２－26、A株＋C株は図表２－27です。

この３つの表の計算をまとめて、標準偏差値を比較した表が、図表２－28です。

負の相関関係であるA株とC株を組み合わせて投資をすることによって、A株の標準偏差値18・7と、C株の標準偏差値16・3が、A株＋C株で、標準偏差値が３・４と大幅に下がりました。

負の相関関係にある株を組み合わせると、標準偏差が下がることが、数値で論理的に証

図表2-25 負の相関関係 ①－3

1．A株の標準偏差の計算　【計算式：σ＝√［Σ(Ri-Ei) 2乗×p］】

収益率	平均値	偏　差		生起確率	分　散
［R］	［E］	［R－E］	［(R－E) 2乗］	［p］	［(R－E) 2乗×p］
27.0%	12.0%	15.0%	225.0%	20%	45.0%
-8.0%	12.0%	-20.0%	400.0%	20%	80.0%
32.0%	12.0%	20.0%	400.0%	20%	80.0%
-13.0%	12.0%	-25.0%	625.0%	20%	125.0%
22.0%	12.0%	10.0%	100.0%	20%	20.0%
(60.0%)			(1,750.0%)	(100%)	(350.0%)

※ A株の標準偏差σ：√350%=18.7

図表2-26 負の相関関係 ①－4

1．C株の標準偏差の計算　【計算式：σ＝√［Σ(Ri-Ei) 2乗×p］】

収益率	平均値	偏　差		生起確率	分　散
［R］	［E］	［R－E］	［(R－E) 2乗］	［p］	［(R－E) 2乗×p］
-10.0%	4.0%	-14.0%	196.0%	20%	39.2%
22.0%	4.0%	18.0%	324.0%	20%	64.8%
-14.0%	4.0%	-18.0%	324.0%	20%	64.8%
25.0%	4.0%	21.0%	441.0%	20%	88.2%
-3.0%	4.0%	-7.0%	49.0%	20%	9.8%
(20.0%)			(1,334.0%)	(100%)	(226.8%)

※ B株の標準偏差σ：√226.8%=16.3

図表2-27 負の相関関係 ①－5

1．A株＋C株の標準偏差の計算 【計算式：σ＝√［Σ(Ri-Ei) 2乗×p］】

収益率	平均値	偏　差		生起確率	分　散
［R］	［E］	［R－E］	［(R－E) 2乗］	20%	［(R－E) 2乗×p］
8.8%	6.9%	1.9%	3.5%	20%	0.7%
4.4%	6.9%	–2.5%	6.5%	20%	1.3%
9.6%	6.9%	2.7%	7.1%	20%	1.4%
1.5%	6.9%	–5.4%	29.6%	20%	5.9%
10.4%	6.9%	3.5%	12.0%	20%	2.4%
(34.7%)			(58.7%)	(100%)	(11.7%)

※ A株＋C株の標準偏差σ：√11.7%=3.4

図表2-28 負の相関関係 ①－2

2．A株、C株、A株＋C株のリスク（標準偏差）

	0年目	1年目	2年目	3年目	4年目	5年目
A株	50	63.5	58.4	77.1	67.1	81.9
B株	50	45	54.9	47.1	59	57.3
A株＋C株	50	54.25	56.65	62.1	63.05	69.6

	リターン平均値	リスク標準偏差
A株	12.0%	18.7
B株	4.0%	16.3
A株＋C株	6.9%	3.4

図表2-29 ポートフォリオ 第二法則

「負の相関関係にある投資を
組み合わせると、
リスクが低くなる。」

明されました。このことは、リスクが下がったことを意味します。ここで、この事実を「ポートフォリオ第二法則」と名付けます。

⑪「正規分布」と標準偏差

前節では、リスクの高い・低いを、標準偏差という数値に置き換え、偏差値の大小で判断をしました。ここで、改めて、標準偏差に関して、説明をさせていただきます。

標準偏差とは、統計学で、ある範囲の出現確率を計算するために活用します。この世で発生する事象は、「正規分布」になっているという仮説がベースになっています。

「正規分布」は、確率統計の計算でとても重要な役割を果たしている分布で、いろいろなところで活用されています。例えば、生物の体長や体重の出現確率、製造業で工業製品の品質（長さ・重さなど）の出現確率の計算です。

逆に言えば、生物の体長や体重の出現確率や、製造業における製品の品質（長さ・重さなど）の出現確率は、「正規分布」で近似できるとされています。

今回のテーマである、株の収益率も、当然に「正規分布」に近似できます。一般的な「正規分布」のグラフが図表２－30です。横軸が確率変数、縦軸が確率密度です。

図表2-30　正規分布

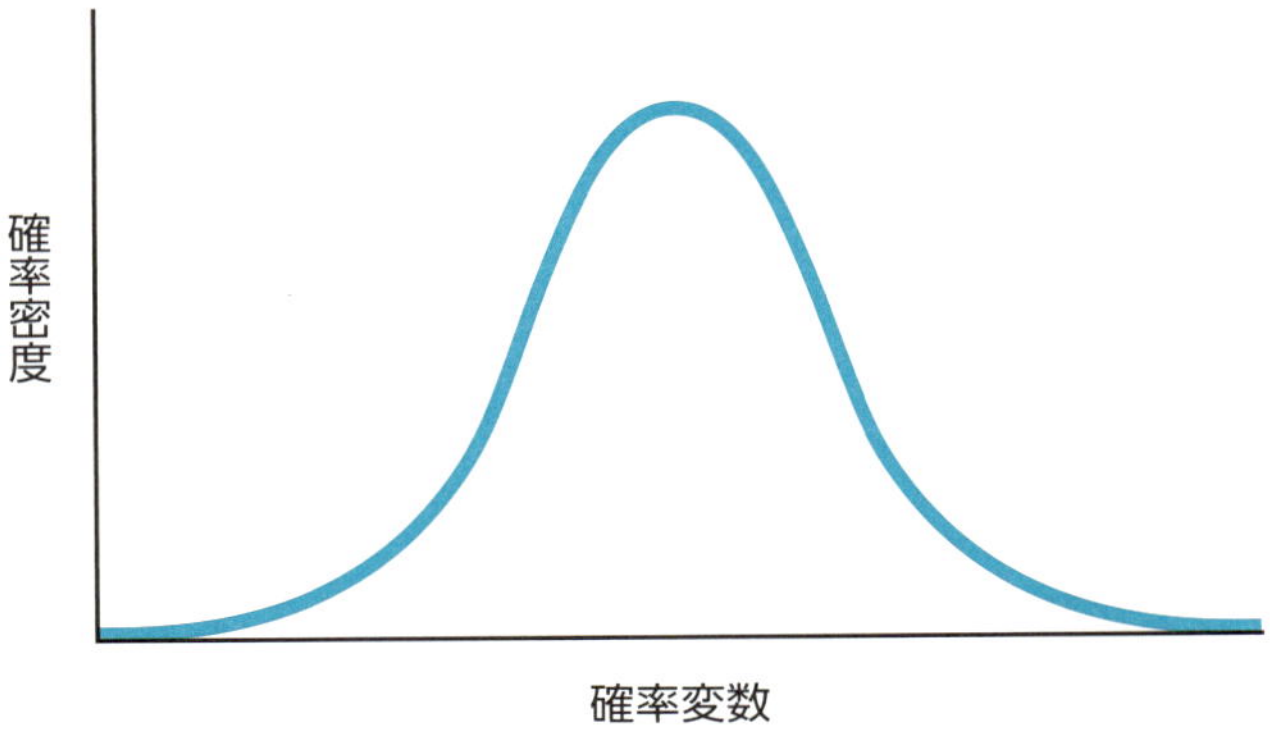

図表2-31　正規分布

平均：μ(mu)、標準偏差：σ(sigma)によって、グラフが変化する。

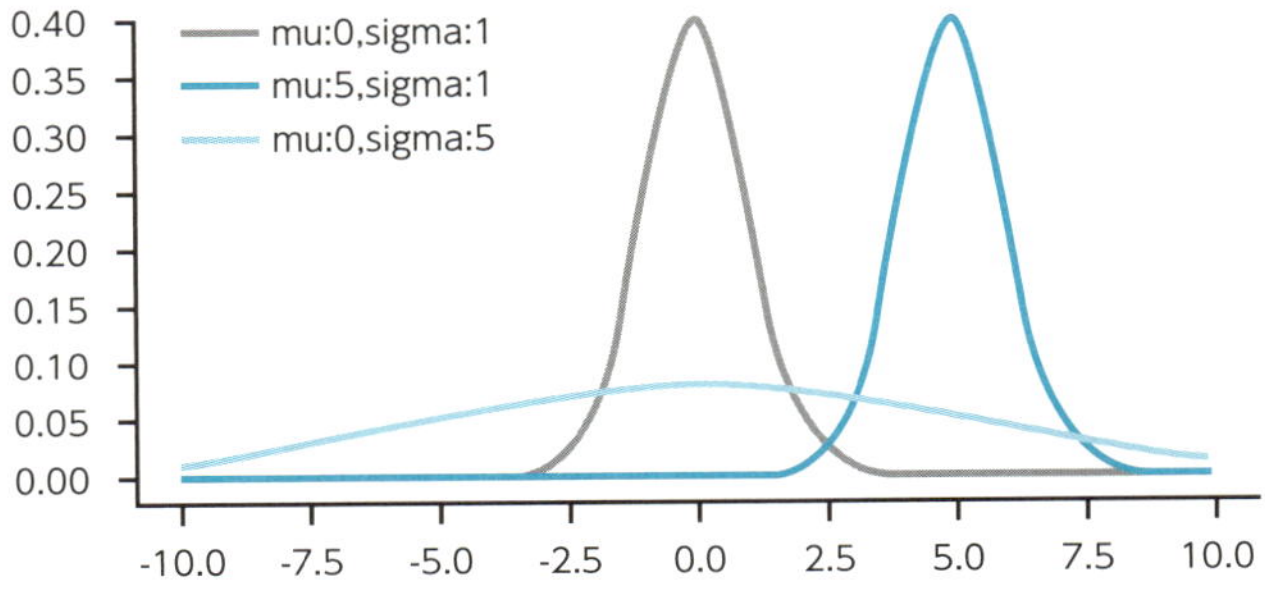

$$f(x) = \frac{1}{\sqrt{2\pi}\sigma} e^{-\frac{(x-\mu)^2}{2\sigma^2}}$$

（e：無理数2.71…）

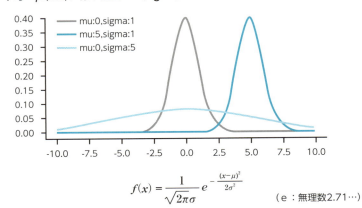

図表2-32 **平均値：μ、標準偏差：σの正規分布**

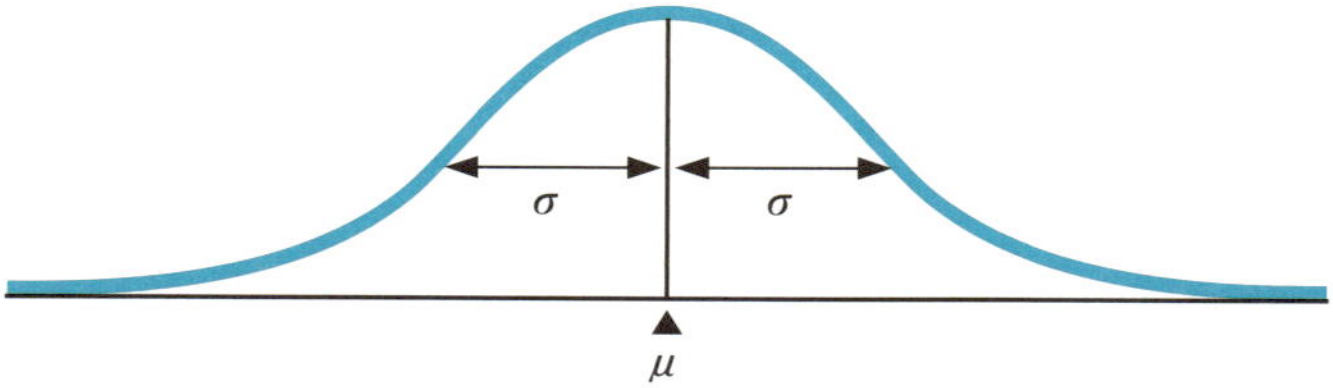

この「正規分布」のグラフは、平均値：μ（mu：ミュー）と、標準偏差：σ（sigma：シグマ）によって図形が上下左右に延びたり縮んだりと変化します（図表2－31）。

参考までに、この「正規分布」の確率密度関数の数式を、図表2－31の下部に記載しています。

ここで、eは無理数です。この数式の説明は、専門的で難しすぎるので、割愛させていただきます。この関数を示したかった理由は、平均値：μと標準偏差：σの変数が変わることにより、図形が変化するということを説明したかったからです。

図表2-33　正規分布N(0, 1)、N(1、0.09)のグラフ

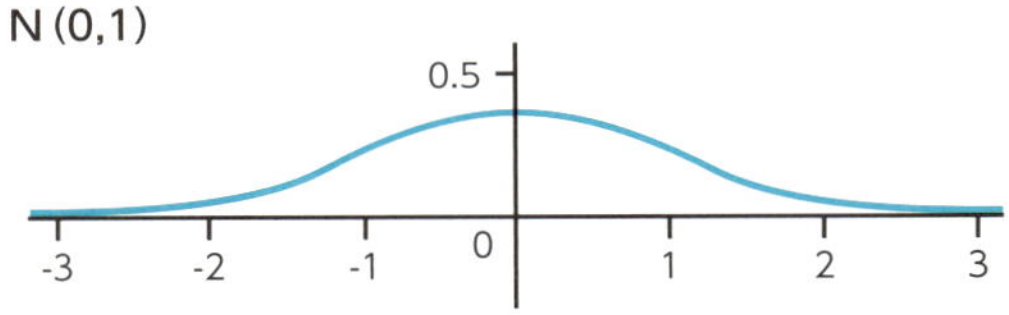

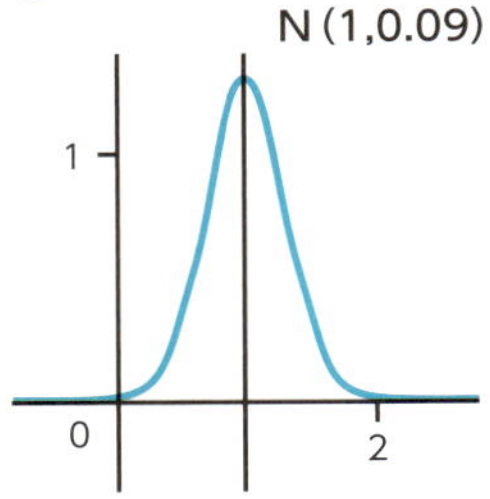

※ 面積の合計は、 1

$$\int_{-\infty}^{\infty} f(x)\,dx = 1$$

図表２－32をご覧ください。

横軸である確率変数の座標において、標準偏差：σは、平均値：μからの距離になります。

次に図表２－33の説明をします。

まずは、分かりやすいところから、平均値：μの数値が０の場合、山の中心がセンターに位置します。μの数値が、山の中心となり、左右に山が移動します。

続いて、標準偏差σです。標準偏差の値が１と値が大きい場合は、山のすそ野が広がり、山は低くなります。標準偏差σが０・０９と数値が小さい場合、グラフは吊り上がり、山が高くなります。ここで、グラフの中の山の面積は、

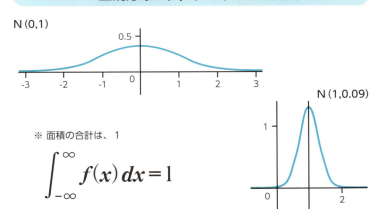

いずれも1になります。

参考まで、数式を図表2－33の左下に記載します。

⑫「標準正規分布」

次に「標準正規分布」についてです。

自然界では、社会の出現した標準偏差σを操るために、どうしてもこの「標準正規分布」に「正規分布」を変換する必要があるからです。

ここで、平均値μが0、標準偏差σが1の分布を「標準正規分布」と呼びます。この「標準正規分布」のグラフが図表2－34です。

「標準正規分布」では、確率変数xが、0からxまでの範囲の確率密度の面積として、図表2－36の「正規分布表」を通して計算結果を一覧で表示しています。

この「正規分布表」を活用して、出現率を計算します。

図表2-34 標準正規分布

※ 全ての正規分布は、
標準正規分布に変換できる

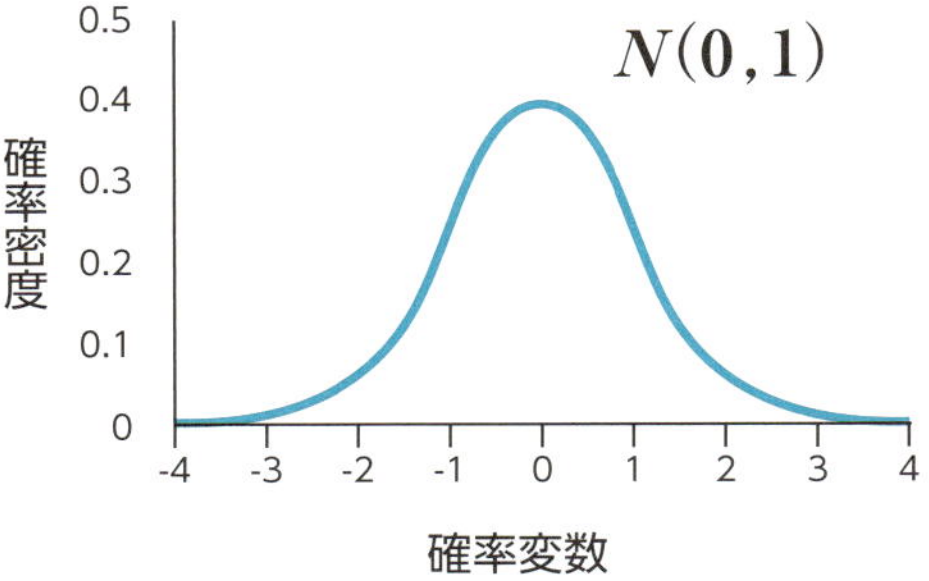

標準化の公式

$$z=\frac{x-\mu}{\sigma}$$

例えば、ある会社の株価の変動（収益率）が5％上昇する確率や、10％下がる確率などを、「標準正規分布」に変換してから求めることができます。つまり、根拠をもって、将来の予想を立てることができるのです。

さて、どのように、正規分布を「標準正規分布」に変換するのでしょうか。実は、すべての正規分布は、標準化の公式によって、「標準正規分布」に変換できます。

参考に変換式を図表2－34の右下に記載します。手順とすれば、正規分布を「標準正規分布」に変換し（図表2－34の数式）、「標準正規分布表（図表2－35）」を活用して、出現率を計算することになります。

図表2-35　正規分布表

$x \rightarrow P(0 < X \leqq x)$

X	0	1	2	3	4	5	6	7	8	9
0.0	.000000	.003989	.007978	.011966	.015953	.019939	.023922	.027903	.031881	.035856
0.1	.039828	.043795	.047758	.051717	.055670	.059618	.063559	.067495	.071424	.075345
0.2	.079260	.083166	.087064	.090954	.094835	.098706	.102568	.106420	.110261	.114092
0.3	.117911	.121720	.125516	.129300	.133072	.136831	.140576	.144309	.148027	.151732
0.4	.155422	.159097	.162757	.166402	.170031	.173645	.177242	.180822	.184386	.187933
0.5	.191462	.194974	.198468	.201944	.205401	.208840	.212260	.215661	.219043	.222405
0.6	.225747	.229069	.232371	.235653	.238914	.242154	.245373	.248571	.251748	.254903
0.7	.258036	.261148	.264238	.267305	.270350	.273373	.276373	.279350	.282305	.285236
0.8	.288145	.291030	.293892	.296731	.299546	.302337	.305105	.307850	.310570	.313267
0.9	.315940	.318589	.321214	.323814	.326391	.328944	.331472	.333977	.336457	.338913
1.0	.341345	.343752	.346136	.348495	.350830	.353141	.355428	.357690	.359929	.362143
1.1	.364334	.366500	.368643	.370762	.372857	.374928	.376976	.379000	.381000	.382977
1.2	.384930	.386861	.388768	.390651	.392512	.394350	.396165	.397958	.399727	.401475
1.3	.403200	.404902	.406582	.408241	.409877	.411492	.413085	.414657	.416207	.417736
1.4	.419243	.420730	.422196	.423641	.425066	.426471	.427855	.429219	.430563	.431888
1.5	.433193	.434478	.435745	.436992	.438220	.439429	.440620	.441792	.442947	.444083
1.6	.445201	.446301	.447384	.448449	.449497	.450529	.451543	.452540	.453521	.454486
1.7	.455435	.456367	.457284	.458185	.459070	.459941	.460796	.461636	.462462	.463273
1.8	.464070	.464852	.465620	.466375	.467116	.467843	.468557	.469258	.469946	.470621
1.9	.471283	.471933	.472571	.473197	.473810	.474412	.475002	.475581	.476148	.476705
2.0	.477250	.477784	.478308	.478822	.479325	.479818	.480301	.480774	.481237	.481691
2.1	.482136	.482571	.482997	.483414	.483823	.484222	.484614	.484997	.485371	.485738
2.2	.486097	.486447	.486791	.487126	.487455	.487776	.488089	.488396	.488696	.488989
2.3	.489276	.489556	.489830	.490097	.490358	.490613	.490863	.491106	.491344	.491576
2.4	.491802	.492024	.492240	.492451	.492656	.492857	.493053	.493244	.493431	.493613
2.5	.493790	.493963	.494132	.494297	.494457	.494614	.494766	.494915	.495060	.495201
2.6	.495339	.495473	.495604	.495731	.495855	.495975	.496093	.496207	.496319	.496427
2.7	.496533	.496636	.496736	.496833	.496928	.497020	.497110	.497197	.497282	.497365
2.8	.497445	.497523	.497599	.497673	.497744	.497814	.497882	.497948	.498012	.498074
2.9	.498134	.498193	.498250	.498305	.498359	.498411	.498462	.498511	.498559	.498605

⑬ 相関係数

これまでに、ポートフォリオ理論では２つの株式を組み合わせた場合、正の相関関係ではリスクの低減にならず、標準偏差の値が小さくならないということを説明しました。それに対して、負の相関関係ではリスクの低減になりました。この現象を、標準偏差の値が小さくなることで証明しました。

この正と負の相関関係は「相関係数：ｒ」で数値化されています。相関係数：ｒは、△１から＋１までの値で、ｒの値を求める計算式は図表２－36です。

相関関係と相関係数の分布は、図表２－37のように表されます。

正の相関関係においては、＋１に近ければ近いほど動きが同じであり、負の相関関係においては、△１に近ければ近いほど真逆の動きとなり、同時にポートフォリオ効果がより鮮明に表れることになります。

図表2-36 相関係数

$$\underset{\text{相関係数}}{r} = \frac{Sxy}{Sx \times Sy} = \frac{(\text{xyの共分散})}{(\text{xの標準偏差}) \times (\text{yの標準偏差})}$$

図表2-37 2つの変数間の相関関係の統計的な分析

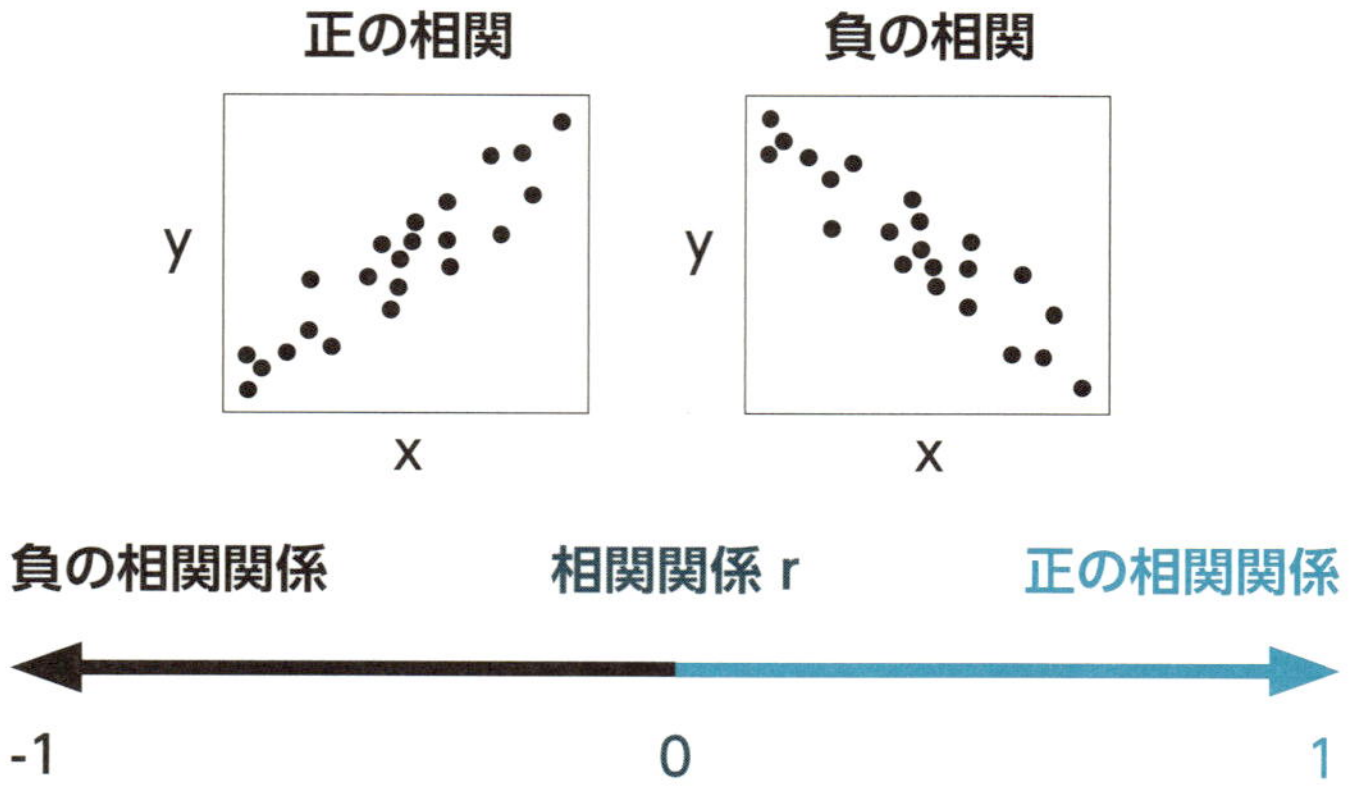

⑭ 正の相関関係とポートフォリオ

さあ、いよいよ、ポートフォリオ理論も核心に入ってきました。これまでのモデルでは、2つの株式の割合が半々の50％・50％でした。

今回、A株とB株の組み合わせの比率を、A株を①100％、②75％、③50％、④25％、⑤0％と変化させ、残りをB株とした場合で考えてみます。

この場合の5カ年の株価の推移が図表2－38です。

この時の収益率が、図表2－39です。

そして、①～⑤をグラフにしたのが図表2－40です。

A株とB株は、正の相関関係なので、連動して上下しながら上昇しています。この時の収益率の平均値と、標準偏差を一覧表にしたものが図表2－41で、グラフが図表2－42です。

A株100％の標準偏差20・9から、A株0％でB株100％の標準偏差16・7に向かっ

図表2-38　正の相関関係ポートフォリオ ①－1

1．A株＋B株の株価の推移

	組入比率 A社：B社	0年目	1年目	2年目	3年目	4年目	5年目
①	A社：100%	400	508	467	617	537	655
③	75%：25%	375	468	427	555	480	578
③	50%：50%	350	428	387	492	423	501
④	25%：75%	325	388	346	430	366	423
⑤	B社：100%	300	348	306	367	309	346

図表2-39　正の相関関係ポートフォリオ ①－2

2．A株＋B株の収益率の推移

	組入比率 A社：B社	0年目	1年目	2年目	3年目	4年目	5年目
①	A社：100%		27.0%	-8.1%	32.1%	-13.0%	22.0%
③	75%：25%		24.8%	-8.8%	29.9%	-13.4%	20.4%
③	50%：50%		22.3%	-9.7%	27.3%	-14.0%	18.3%
④	25%：75%		19.4%	-10.8%	24.0%	-14.8%	15.6%
⑤	B社：100%		16.0%	-12.1%	19.9%	-15.8%	12.0%

図表2-40　正・A株＋B株の株価の５ヶ年推移

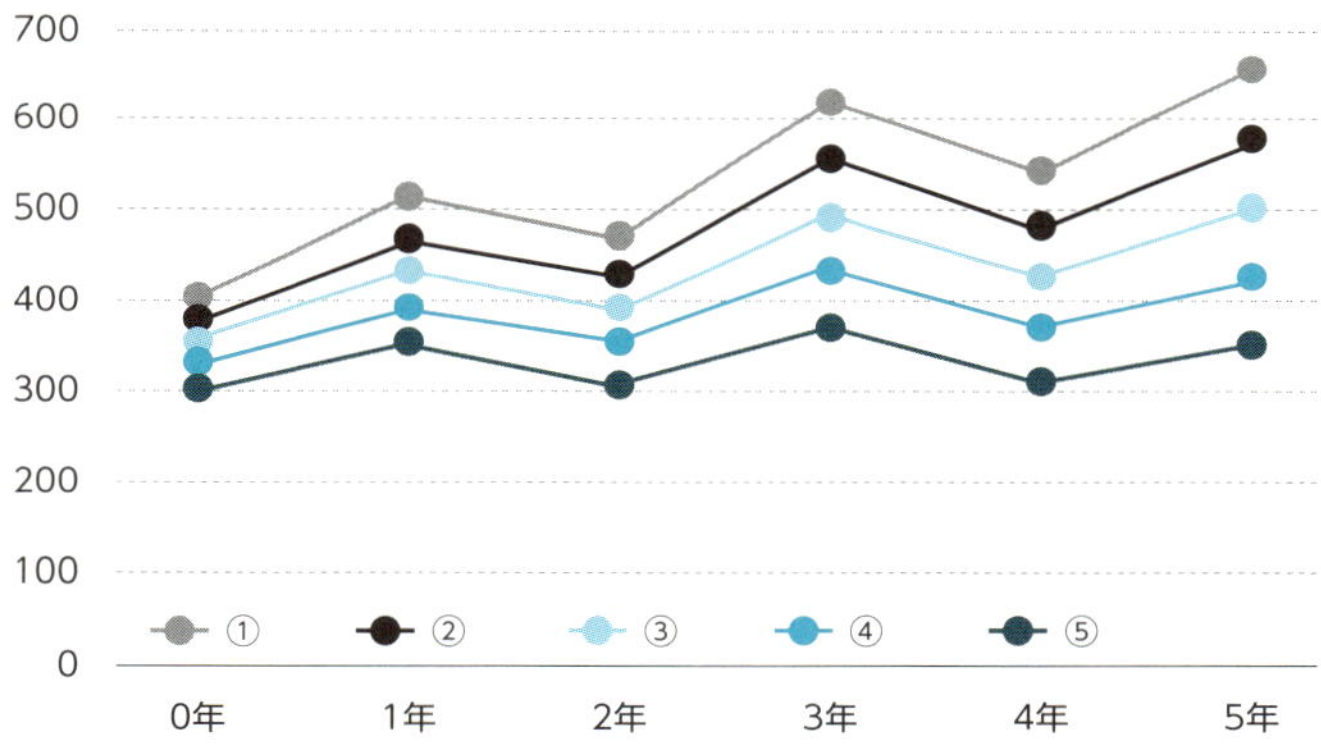

図表2-41　正の相関関係　①−3

３．A株＋B株の平均値とリスク（標準偏差）

	組入比率A社：B社	リターン平均値	リスク標準偏差
①	A社：100%	12.0%	20.9
②	75%：25%	10.6%	20.1
③	50%：50%	8.8%	19.2
④	25%：75%	6.7%	18.1
⑤	B社：100%	4.0%	16.7

図表2-42　A株＋B株のリスクとリターンの関係

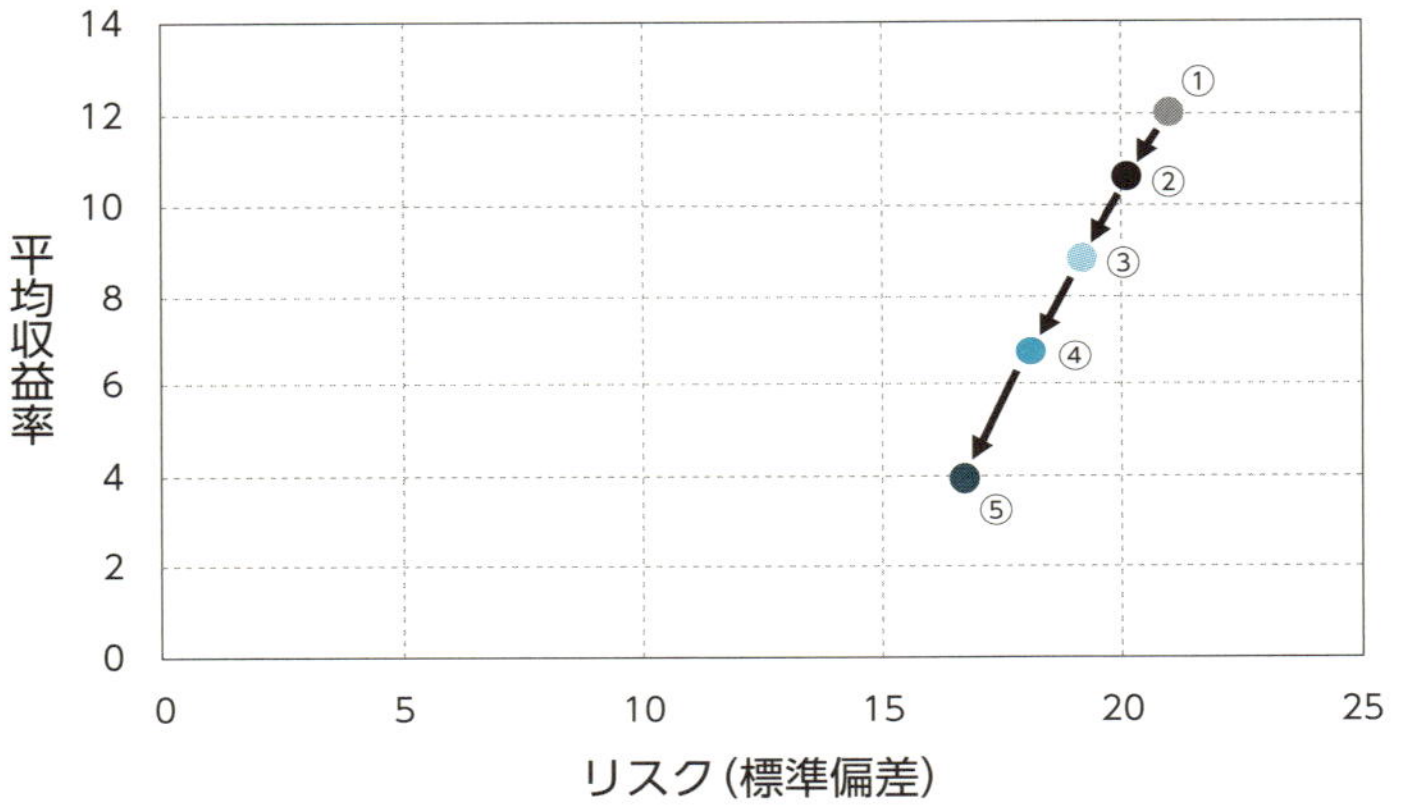

て、組み込みの比率に見事に正比例になっており、したがって図表2－42のグラフ上では、①から⑤に向かって一直線になっています。これが、正の相関関係のポートフォリオの特徴です。

⑮負の相関関係とポートフォリオ

負の相関関係にあるＡ株とＣ株を組み合わせた場合を考えてみましょう。

Ａ株とＣ株の組み合わせの比率は同じく、Ａ株を①１００％、②75％、③50％、④25％、⑤０％と変化させ、残りをＣ株とした場合の５カ年の株価の推移です（図表２－43）。

この時の収益率は、図表２－44になります。

次に①～⑤をグラフ化したのが図表２－45です。Ａ株とＣ株は、負の相関関係なので、Ｃ株の割合が大きくなるにしたがって、上下の動きが真逆に変化しながら上昇しています。

この時の収益率の平均値と、標準偏差の一覧表が図表２－46です。

この負の相関関係のケースでは、④番のＡ株25％、Ｃ株75％の割合のときに、標準偏差の値が、一番小さい値４・３になっています。この表を座標に落としたグラフが図表２－47

図表2-43 負の相関関係ポートフォリオ ①－1

1．Ａ株＋Ｃ株の株価の推移

	組入比率 A社：C社	0年目	1年目	2年目	3年目	4年目	5年目
①	A社：100%	400	508	467	617	537	655
②	75%：25%	375	449	433	534	491	577
③	50%：50%	350	389	398	450	445	500
④	25%：75%	325	330	364	367	399	422
⑤	B社：100%	300	270	329	283	353	344

図表2-44 負の相関関係ポートフォリオ ①－2

2．Ａ株＋Ｃ株の収益率の推移

	組入比率 A社：C社	0年目	1年目	2年目	3年目	4年目	5年目
①	A社：100%		27.0%	-8.1%	32.1%	-13.0%	22.0%
②	75%：25%		19.6%	-3.6%	23.4%	-8.0%	17.6%
③	50%：50%		11.1%	2.3%	13.1%	-1.1%	12.2%
④	25%：75%		1.4%	10.3%	0.8%	8.9%	5.7%
⑤	C社：100%		-10.0%	21.9%	-14.0%	24.7%	-2.5%

図表2-45　負・A株＋C株の株価の５ヶ年推移

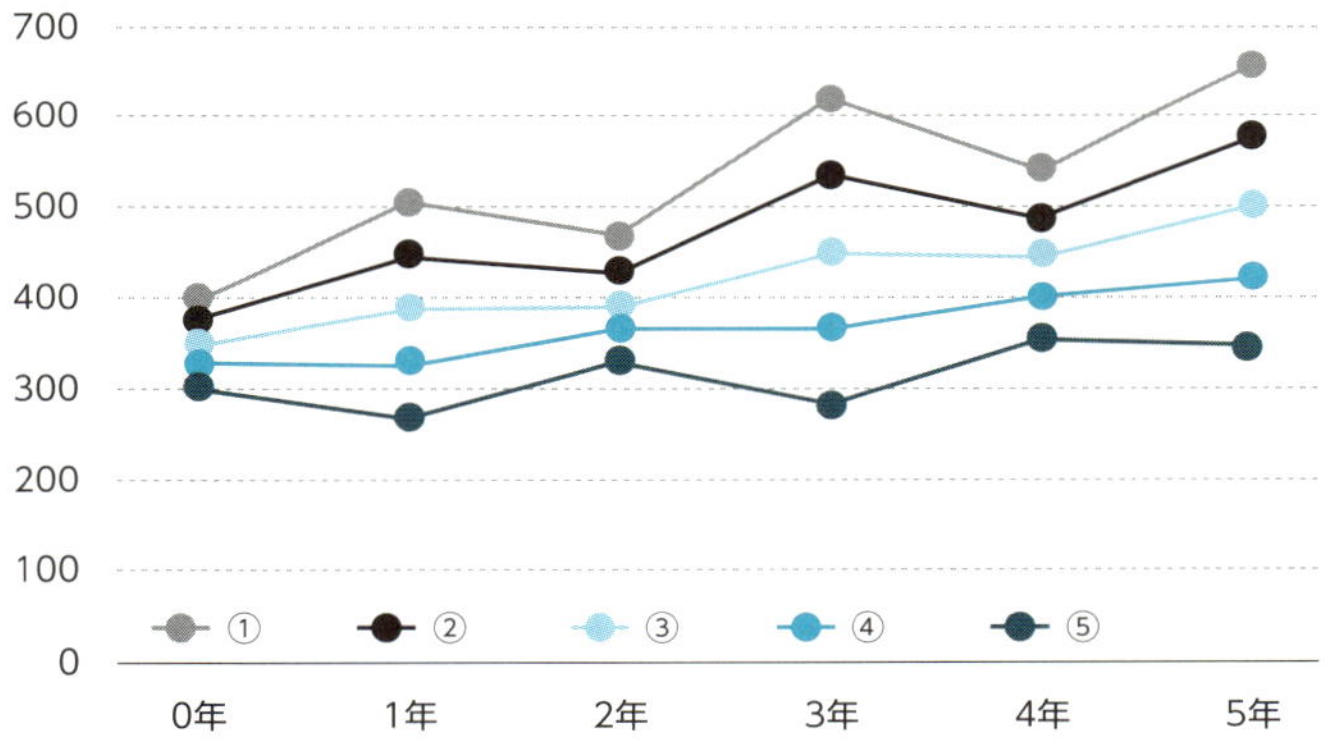

図表2-46　負の相関関係　①－3

3．A株＋C株の平均値とリスク（標準偏差）

	組入比率A社：C社	リターン平均値	リスク標準偏差
①	A社：100%	12.0%	20.9
②	75%：25%	9.8%	14.4
③	50%：50%	7.5%	6.5
④	25%：75%	5.4%	4.3
⑤	C社：100%	4.0%	18.1

図表2-47　A株＋C株のリスクとリターンの関係

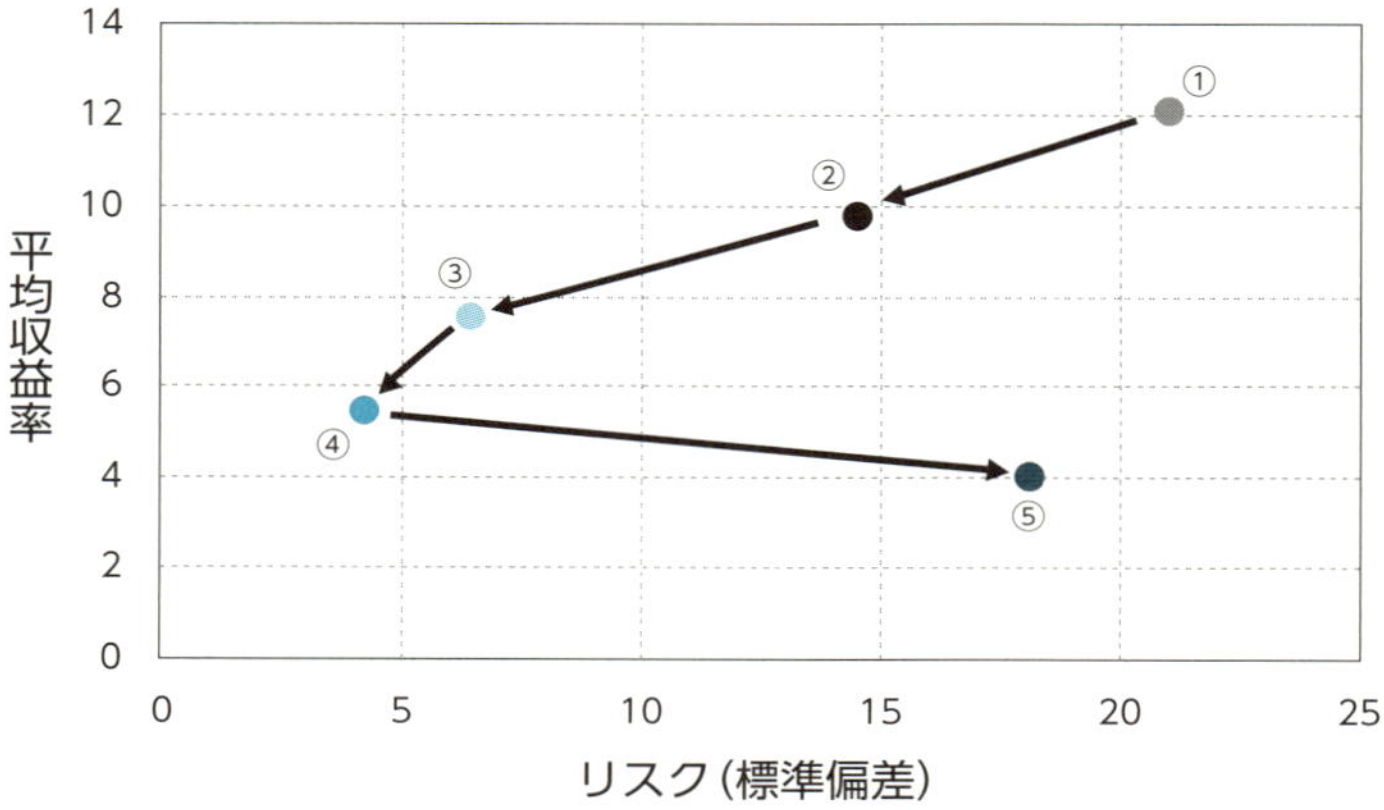

です。

正の相関関係のグラフとは違い、①から④へ左下がり、④を頂点にして、⑤に向かって反転、U時曲線を描きました。④の地点が、最もリスクが低いポートフォリオの投資であることが判明しました。このように、負の相関関係のポートフォリオのグラフは、U字を描くのが特徴です。

⑯「効率的フロンティア」

私のポートフォリオ理論の解説も、いよいよ最後となります。ここからは、「効率的フロンティア」について解説します。

負の相関関係での株式の組み合わせが、リスクを低減する効果を説明しました。ここまで理解いただきましたので、もう少しだけ掘り下げ、ポートフォリオ理論の理解を深めてまいりましょう。

ここで、新たな事例として、Ｄ株、Ｅ株を想定します。Ｄ株は平均収益率ｍが12％、標準偏差σが18、Ｅ株は平均収益率ｍが３％、標準偏差σが12であるとします。

この数値から読み取れることは、Ｄ株は、収益力は高いがリスクも高い。それに対してＥ株は、Ｄ株と比較して、収益力が低く、その分リスクも低いということが読み取れます。

両方の株は負の相関関係で、相関係数ｒは△０・８です（図表２－48）。

Ｄ株とＥ株は、ｒが△０・８と△１に近いので、強い負の相関関係であることも読み取

図表2-48　2銘柄のポートフォリオ

1．A株＋B株の株価の推移

	リターン 平均収益率（m）	リスク 標準偏差（σ）
D社	12%	18
E社	3%	12
※① 相関係数（r）；△0.8		

れます。

さて、このケースにおいて、D株の組み入れ率を100％から10％ごとに11段階①～⑪のように下げ、残りをE株として、ポートフォリオを組み込んでいきます。

D株とE株の組み入れ率に連動して、平均収益率mと標準偏差σが図表2－49のように変化します。

この平均収益率と標準偏差を図表2－50の計算式を基に計算しました。

この組み入れ率ごとの①から⑪を標準偏差σと収益率mを座標に落とし、グラフにしたのが図表2－51です。

図表2-49　D株＋E株の組入比率とポートフォリオ

	組入比率（p）		リターンとリスク	
	D社	E社	平均収益率（m）	標準偏差（σ）
①	100%	0%	12.0%	18.0
②	90%	10%	11.1%	15.3
③	80%	20%	10.2%	12.6
④	70%	30%	9.3%	10.0
⑤	60%	40%	8.4%	7.5
⑥	50%	50%	7.5%	5.5
⑦	40%	60%	6.6%	4.6
⑧	30%	70%	5.7%	5.2
⑨	20%	80%	4.8%	7.1
⑩	10%	90%	3.9%	9.4
⑪	0%	100%	3.0%	12.0

図表2-50　相関係数に基づくリターン（m）とリスク（σ）の計算

1．リターン：m〈D+E〉＝(m〈D〉×p〈D〉)＋（m〈E〉×p〈E〉)

2．リスク：σ〈D+E〉＝√［(σ〈D〉×p〈D〉)2乗＋（σ〈E〉×p〈E〉)2乗
＋r ×(σ〈D〉×p〈D〉) ×（σ〈E〉×p〈E〉)］

3．例えば④のリターンとリスクの具体的な計算

a） m〈④〉：12%×0.7＋3%×0.3＝9.3%

b） σ〈④〉：√［(18×0.7) 2乗＋(12×0.3) 2乗
＋△0.8×（18×0.7)×（12×0.3)］
＝√［158.76＋12.96－72.58］
＝√［99.14］
＝10.0

図表2-51　負の相関関係の組入比率とポートフォリオグラフ

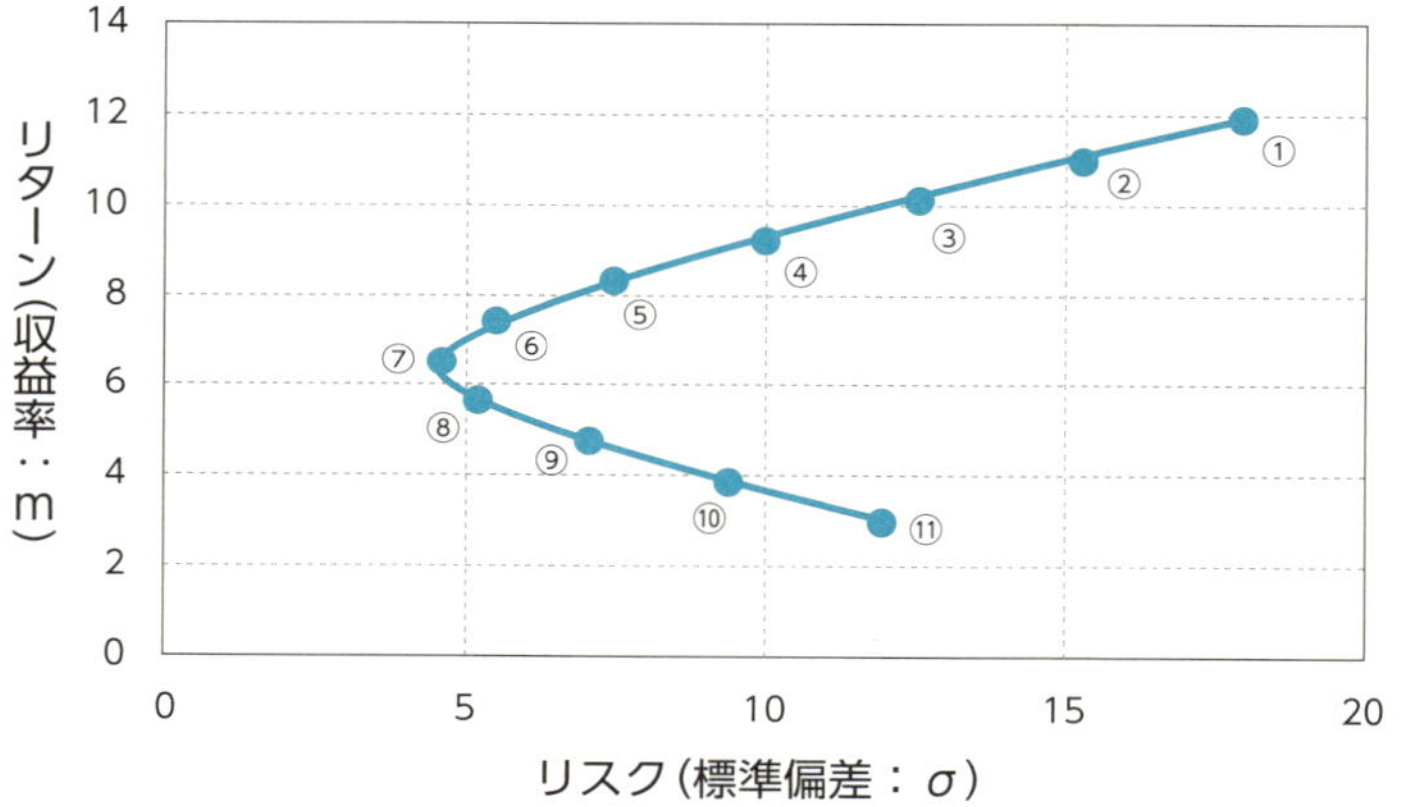

はじめに予想したとおり、負の相関関係に見られる、みごとなU字曲線を描きました。このグラフから、⑦のD株40％、E株60％のポートフォリオにした時が、標準偏差が4・6となり、リスクが最少になることが判明しました。

さらに、この図を、イメージグラフに描き直したグラフが図表2－52です。

この図表2－52をさらに詳しく解説します。当然の選択として、投資家は、リスクが同じであれば、リターンが大きい投資を選択します。その領域が「効率的フロンティア」といわれている領域です。

図表2-52　効率的フロンティアのイメージ図

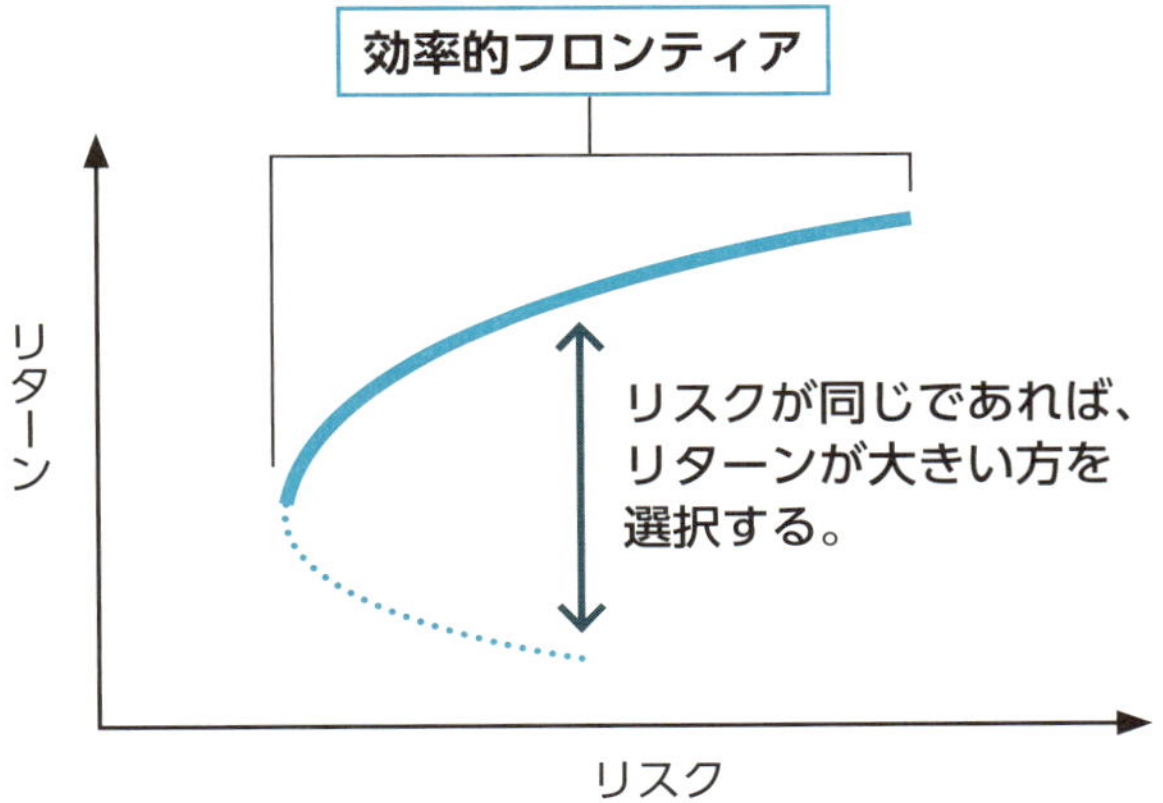

図表２－52では、実線で示された部分です。

投資家は、この「効率的フロンティア」での領域の組み入れ率で、投資を模索します。リスクがあがれば、リターンも上がる、どの組み入れ率を選択するかは、その投資家の投資スタンスに委ねられることになります。

図表2-53　接点ポートフォリオと資本市場線

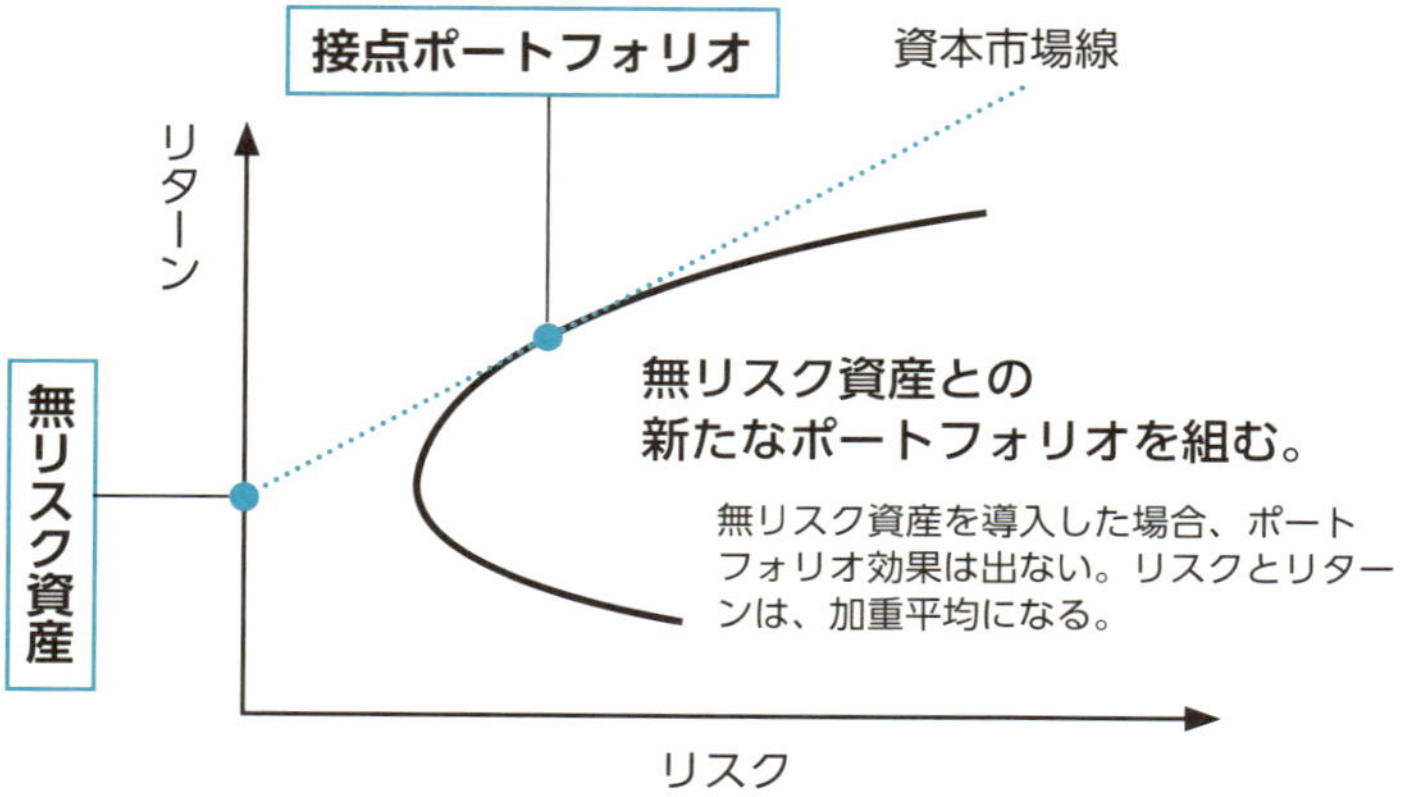
接点ポートフォリオ
資本市場線
リターン
無リスク資産
無リスク資産との
新たなポートフォリオを組む。
無リスク資産を導入した場合、ポートフォリオ効果は出ない。リスクとリターンは、加重平均になる。
リスク

⑰「接点ポートフォリオ」

次に、縦軸に、リスクがゼロの無リスク資産、例えば、日本の国債の金利をプロットします。この点を始点として、「効率的フロンティア」の曲線に接するように直線を引きます。この時、「効率的フロンティア」の曲線との接点を、「接点ポートフォリオ」と言います。そして、この直線を「資本市場線」と言います（図表2－53）。

投資家は、無リスク資産を組み込むことで、よりリスクの低い選択肢を持つことができます。すなわち、「資本市場線」上の比率で、無リスク資産を組み込むのです。この場合、無リスク資産と株との組み込み率に応じたリスクとリターンの関係は、単純な加重平均となります。

⑱「ポートフォリオ理論」考え方のフロー

この章の話の流れをもう一度、要約し、整理をさせていただきます（図表2－54）。

投資においては、致命的な失敗をして一瞬にして財産を失うことがあります。そこで、投資家は、失敗に直結するリスク（危険）に敏感にならざるを得ません。リスクをいかに下げるかが課題です。

ここで、投資における最大のリスクは、投資商品（不動産、株など）の価値の変動が大きいことです【ポートフォリオ 第一法則】。

この投資商品の変動を標準偏差の値で置き換え、数値化して判断することができます。この標準偏差の数値でシミュレーションすると、負の相関関係にある投資商品（不動産、株など）を特定の比率で組み込むことにより、標準偏差の数値が小さくなることが証明されました【ポートフォリオ 第二法則】。

図表2-54 「ポートフォリオ理論」の考え方フロー

1. 投資商品（物件）のリスクの高い・低いは、値動きの大小、ブレ幅の大小である。 【第一法則】

↓

2. ブレ幅の大小を定量化、「標準偏差」の大小で数値化、判定する。

↓

3. 投資商品（物件）を複数組み合わせ、ポートフォリオを組むことで、「標準偏差」の数値が小さくなる。

↓

4. 負の相関関係にある投資商品（物件）で、ポートフォリオを組むと、標準偏差の数値が、より小さくなる。 【第二法則】

↓

5. 「効率的フロンティア」という、最少のリスクで、最大のリターンを得ることができるポートフォリオが存在する。投資家は、この「効率的フロンティア」の領域を追求し続ける。

↓

6. 日本の国債など、無リスク資産と、ポートフォリオを組めば、よりリスクの低い安全な投資となる。ただし、そうするかどうかは、投資家のスタンスによる。

すなわち、リスクが下がるのです。この標準偏差の数値が最少になる組み合わせの領域を「効率的フロンティア」と呼び、さらに、無リスク資産との組み合わせの選択肢も考えると、さらに安全になります。

「効率的フロンティア」の領域においても、リターンはリスクに連動しているのです。

⑲ポートフォリオ理論と東京×富山の不動産投資

この章の冒頭で、「東京×富山　二刀流投資」の発想は、収益構造の相反する2つの投資を組み合わせることで、不動産投資における「安全性」が高まるのではないかという仮説を立てたことから始まると述べました。ポートフォリオ理論で、この仮説が概ね正しいのではないかと、実感しています。

まずは、不動産そのものの値動きの観点で考えてみます。東京の近年の不動産価格の上昇は著しく、特に都心のマンションの上昇率は、目をみはるものがあります。まさに、東京での不動産投資は、ハイリターンと言えます。

しかし、1991年のバブル崩壊や、記憶に新しい2008年のリーマン・ショックの折には、大幅に値下がりしました。不動産は値上がりも大きいが、値下げに転じたときの値下がりも大きい、ハイリスクといえます。つまり、東京での不動産投資は、ハイリスク・ハイリターンです。

一方、地方都市の代表である富山においては、値上がり期待は東京と比較して低く、ローリターンでありますが、値下がりも少ないです。地方都市富山は、ローリスク・ローリターンと言えます。

次に、投資金額に対する利回りと、家賃の変動に関してはどうでしょうか。

例えば富山において、弊社朝日不動産が販売している新築アパートの表面利回りは、現在7・5%です。地方都市である性格上、将来の人口減などを想定すれば、家賃の下落リスクは東京と比較して大きいです。したがってハイリスク・ハイリターンと言っていいでしょう。

一方、例えば、東京23区内の新築アパートはどうでしょうか。同じく弊社が企画販売している物件は、現在、表面利回り5・5%です。若者を中心に人口流入が続く東京では家賃の下落リスクは非常に低いです。収益面での東京は、ローリスク・ローリターンです。

このように、東京と富山において、不動産価格の上昇面でのキャピタルゲイン狙いにおいて、東京はハイリスク・ハイリターン、富山がローリスク・ローリターン。家賃収入によるインカムゲイン狙いの観点では、東京はローリスク・ローリターン、富山がハイリスク・ハイリターンと、まさに収益構造が対照的です。

さらに、不動産価格の変動や、家賃変動は、東京が先行して、数年後に地方に余波として伝わってくるという特徴があります。東京と富山の相関関数ｒは、真逆の負の関係△１とは言いませんが、全く同じの＋１ではありません。

少なからず、東京と富山を組み合わせることにより、ポートフォリオ効果があり、リスクが低減されるはずです。

【コーヒーブレイクI】

「トマ・ピケティの『21世紀の資本』」

21世紀は、「富の格差を創り上げてきた時代」であるとも言われています。それでは、この「富の格差」はどうして生まれてきたのでしょう？　この問題に真正面から向き合い、「数量経済史」と呼ばれる最新の統計手法を使って、その研究成果をまとめ上げたのが、フランス人のトマ・ピケティです。

ピケティは、「なぜ、資本家と労働者の格差が拡大してきたのか？」という素朴な疑問から、なんと過去２００年以上の欧米諸国の歴史的データを収集し、分析しました。そして、ついに、資本主義における根本的矛盾である、「不平等の統一場理論」を発見、発表したのです。

このコーヒーブレイクIでは、不動産や株式、債券などの投資を行うことが、資産を拡大することにいかに効果的であるかを、ピケティの発見した事実を引用して説明します。ぜひ、みなさんも、歴史からしっかり学んでいただきたいです。

資本主義の根本的矛盾『r＞g』

ピケティが結論づけた事実は、資本主義の根本的矛盾と呼ばれている不等式で表現されています（図表C－1）。

この『r＞g』で、rは資本収益率、gは国民所得の成長率です。ここでの資本とは、不動産や株、債券などの全ての資産のことです。つまり、歴史統計学的には、資本の収益率は、所得の成長率を上回るのです。この事実は、理論というよりは経験則と言っています。

もう少し分かりやすく表現すると「投資家の儲けは、一般国民の所得の伸びより大きく増えるので、当然に格差が拡大する」です。資本のストックは、相続を通して継承されていくので、例え相続税により目減りはあったとしても、格差がますます広がっていくのです。

ピケティは、「資本主義社会では、過去200年間格差は拡大し続けた、今後もこの不平等が拡大する」と主張しています。

（参考文献）『日本人のためのピケティ入門』（池田信夫著、東洋経済新報社）

図表C-1 「資本主義の根本的矛盾」

$$r > g$$

r ：資本収益率
g ：国民所得の成長率

⇒ 資本の収益率 r は、成長率 g を上回る。

第3章

実例で検証する東京×富山ポートフォリオ理論の効果

第2章では、書籍『現代ポートフォリオ理論講義』（一般社団法人金融財政事情研究会）を参考に、「ポートフォリオ理論」の基本的な概念を解説しました。

理論は理論として、それではこの理論をどのように実務に運用していけば良いでしょうか。

2つの投資物件の相関関係が真逆、いわゆる負の関係性であればあるほど、特にポートフォリオ効果が顕著になり、リスクが下がることが理論的に証明されました。

そこで第3章では、第2章の理論を受け、この課題をテーマに、東京と富山で組み合わせて投資した場合のリスクとリターンの関係を考察してみます。はたして「ポートフォリオ効果」が見られるでしょうか。

ここでのリターンは、土地の上昇に伴うキャピタルゲイン、土地の下落に伴うキャピタルロスを収益率：mで数値化します。土地の評価額には、ここでは路線価を用います。

リスクについては、土地の上昇率と下落率の幅の大きさを、標準偏差：σを用いて数値化します。東京と富山の組み合わせ、ポートフォリオ効果を、収益率：mと標準偏差：σがどのように変化するかを考察します。

①富山県内標準宅地のリスクとリターン（32年間）

まずは地方都市である富山県内の標準宅地について、その平均路線価を32年間の変動率推移で見ていきましょう（図表３－１）。

図表３－１をご覧いただけたらお分かりのように、地方都市を象徴する推移となっています。１９９３年が「平成バブル」の頂点となり、最高値を付け、２０２４年までの32年間、変動率はずっとマイナスです。

下げ幅は、２００３年に△９・８％と最大でした。いったん、２００８年の「ファンドミニバブル」時の△２・８％まで、下げ幅は縮小して行きましたが、翌年２００９年には再び下げ幅を少し拡大しました。２０１０年を底に、２０１１年から下げ幅が縮小していきます。２０１４年からの10年は、下げ幅が△１％以下と、下げ止まりの傾向がみられます。

１９９２年の標準宅地平均路線価を「１」とした場合、２０２４年の標準宅地平均路線価は、「０・３１２」と、３分の１以下に下がってしまいました（図表３－２）。

図表3-1

32年間の推移　富山県 標準宅地の平均変動率（%）

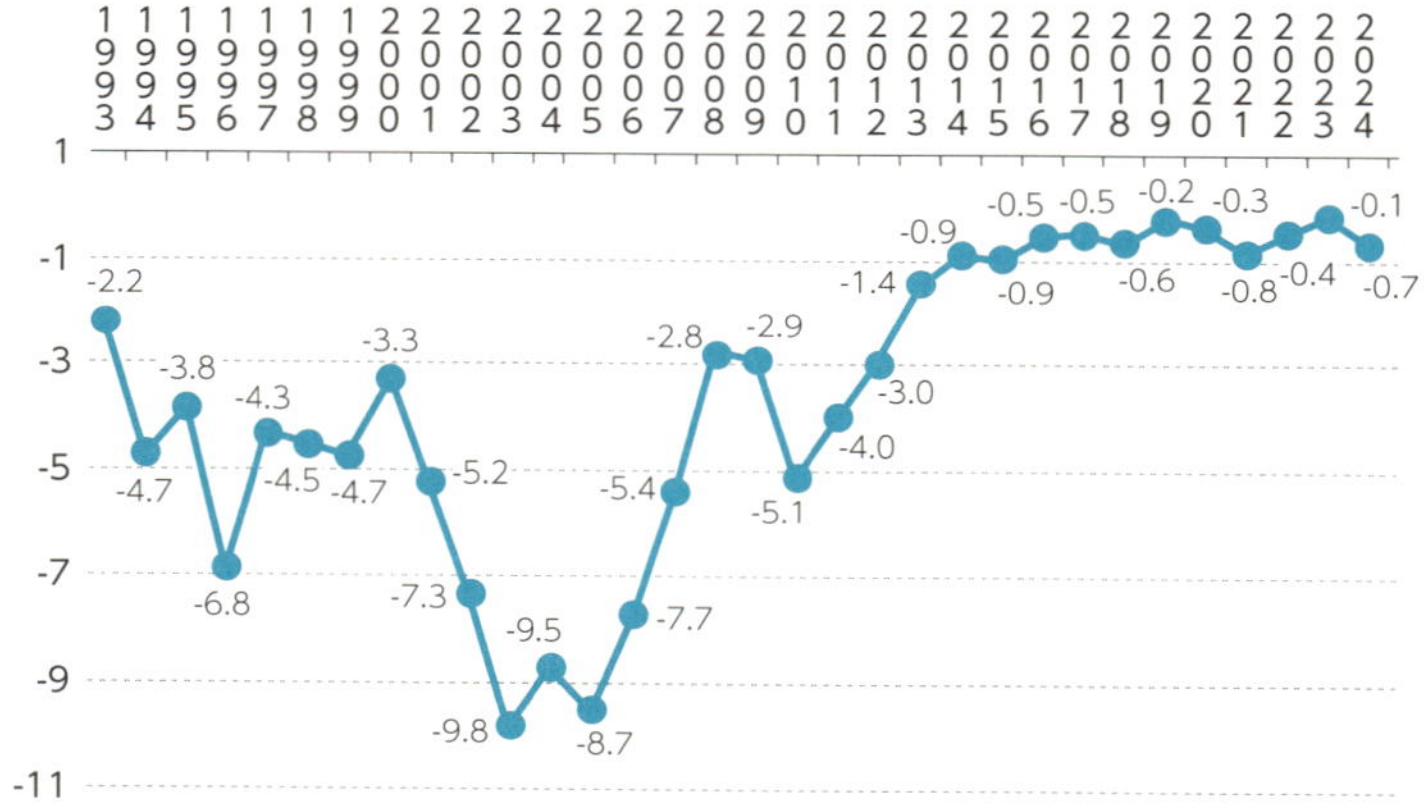

図表3-2

1992年を1とした場合、32年間の下落率

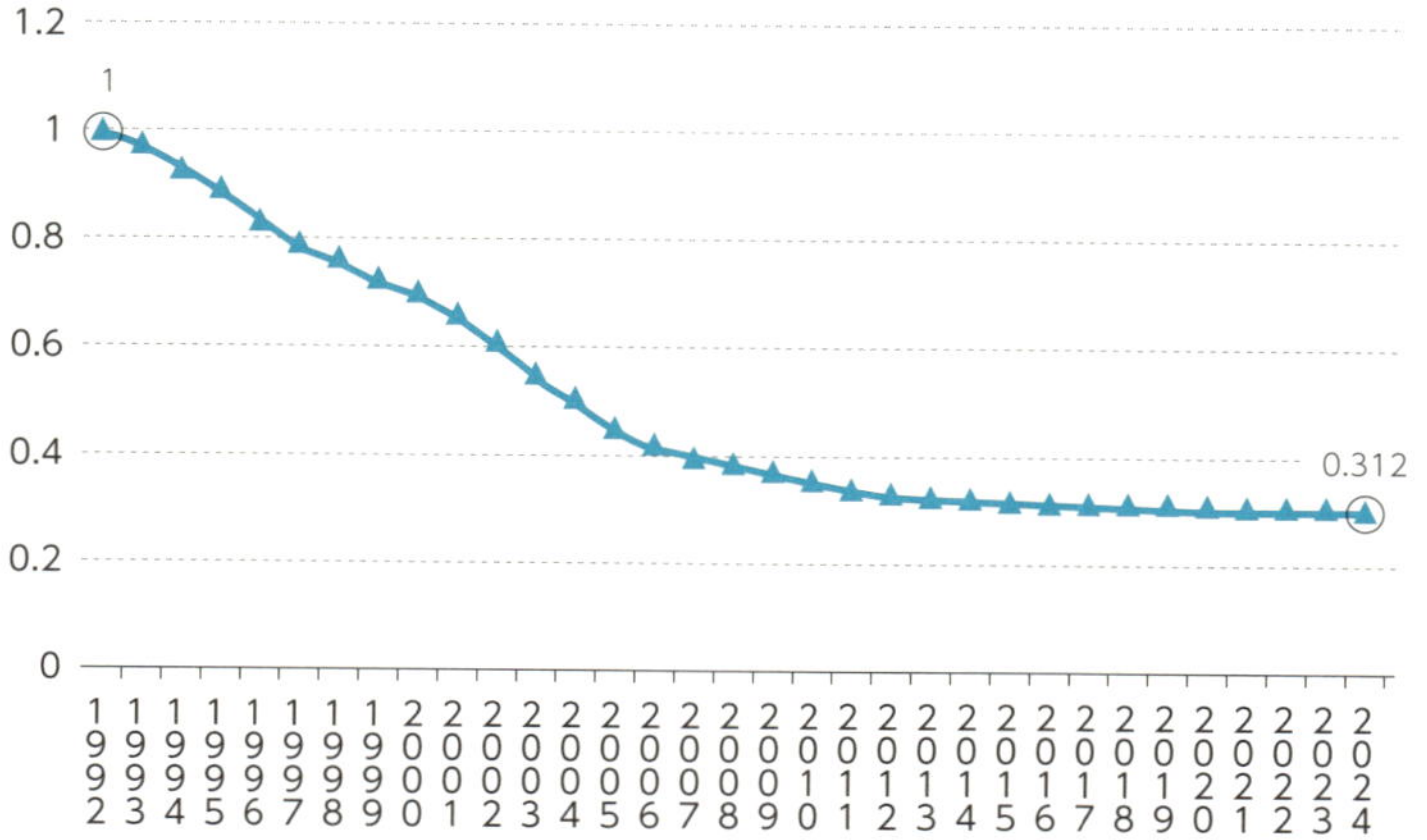

１９９３年から32年間の路線価の変動率を収益率：ｍとして、変動率の変動幅を標準偏差：σで表してみます。図表３－３が、その計算の過程を示した表となります。計算によると、平均収益率：ｍは△３・５３、標準偏差：σは２・８７という数値になりました。すなわちリターンは△３・５３％、リスクが２・８７となります。

この平均収益率、すなわち中央値が△３・５３、標準偏差：σが２・８７の「正規分布表」が図表３－４です。きれいな釣鐘型を描いています。

さて、ここで、富山県の標準宅地が10％以上値下がりする出現確率を求めてみます。富山においての地価の10％以上のダウンは、これまで経験したことはありません。図表３－４の「正規分布表」のｘ軸に△10％の位置と、△10％以上の範囲を色付きで示したのが、図表３－５です。

出現確率を求めるためには、本書75ページの図表２－34の数式を用いて「標準化」し、「正規分布表」を活用して求めます。

図表3-3 富山県標準宅地 路線価 32ヶ年 標準偏差の計算

年代	R	R－E	(R－E) 2乗
1993	-2.2	1.33	1.77
1994	-4.7	-1.17	1.37
1995	-3.8	-0.27	0.07
1996	-6.8	-3.27	10.69
1997	-4.3	-0.77	0.59
1998	-4.5	-0.97	0.94
1999	-4.7	-1.17	1.37
2000	-3.3	0.23	0.05
2001	-5.2	-1.67	2.79
2002	-7.3	-3.77	14.21
2003	-9.8	-6.27	39.31
2004	-8.7	-5.17	26.73
2005	-9.5	-5.97	35.64
2006	-7.7	-4.17	17.39
2007	-5.4	-1.87	3.50
2008	-2.8	0.73	0.53

年代	R	R－E	(R－E) 2乗
2009	-2.9	0.63	0.40
2010	-5.1	-1.57	2.46
2011	-4.0	-0.47	0.22
2012	-3.0	0.53	0.28
2013	-1.4	2.13	4.54
2014	-0.9	2.63	6.92
2015	-0.9	2.63	6.92
2016	-0.5	3.03	9.18
2017	-0.5	3.03	9.18
2018	-0.6	2.93	8.58
2019	-0.2	3.33	11.09
2020	-0.3	3.23	10.43
2021	-0.8	2.73	7.45
2022	-0.4	3.13	9.80
2023	-0.1	3.43	11.76
2024	-0.7	2.83	8.01

合計　264.19

① 収益率平均（E）
⇒ －3.53

② Σ (R－E) 2乗／31
⇒ 8.26

③ 標準偏差 σ
⇒ $\sqrt{8.26}$ ⇒ 2.87

図表3-4　富山県標準宅地 路線価 32ヶ年 正規分布表

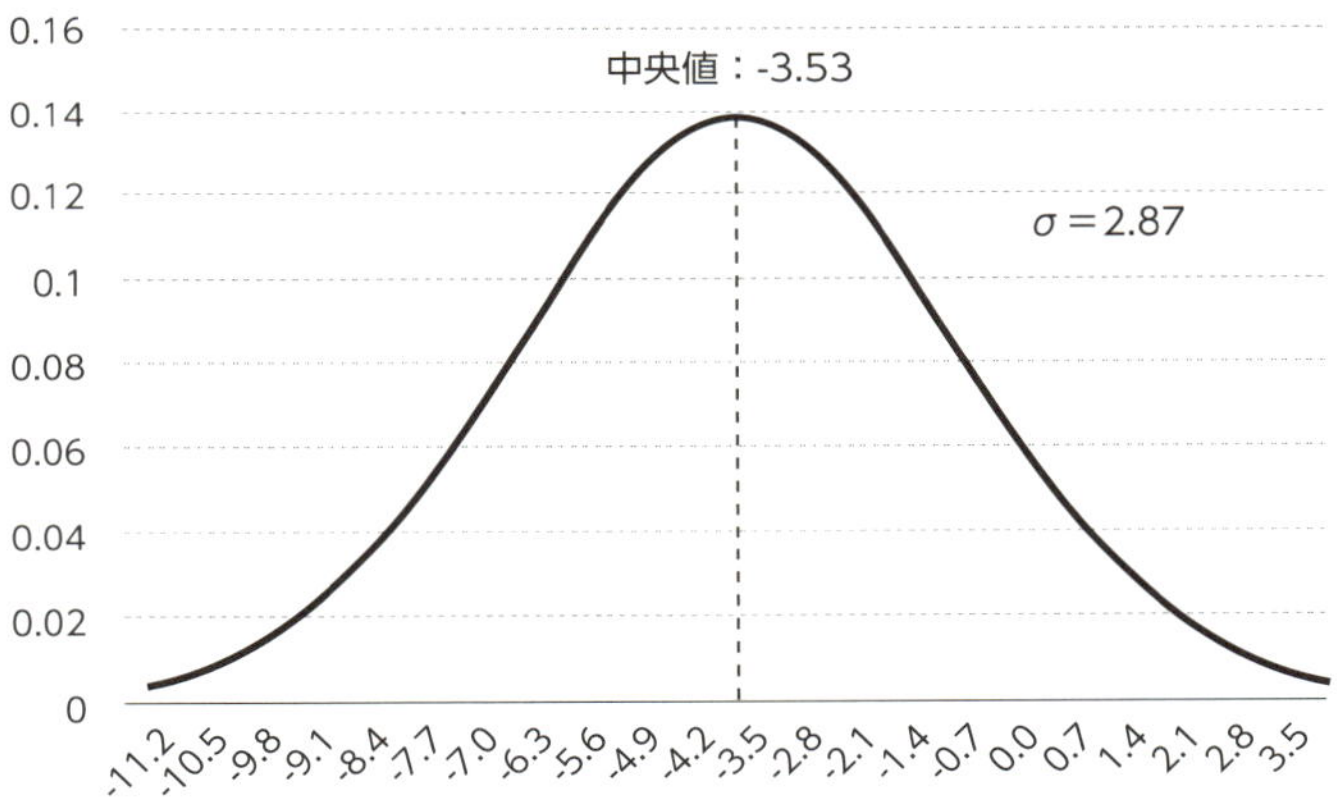

図表3-5　富山県標準宅地 路線価 32ヶ年 正規分布表

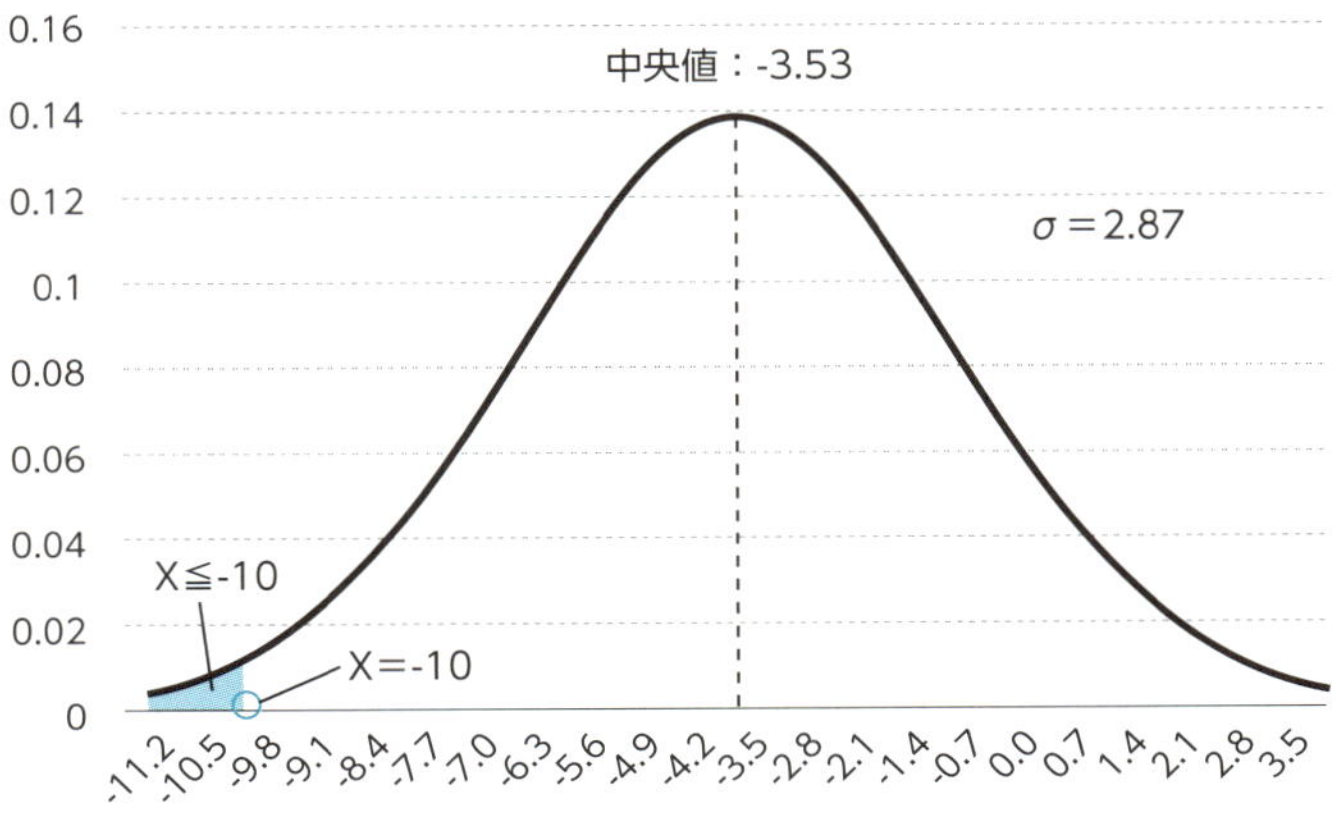

図表3-6 標準正規分布への標準化

富山県標準宅地 路線価 32ヶ年

$$Z = \frac{X - \mu}{\sigma}$$

$$= \frac{-10 - (-3.53)}{2.87} = 2.25$$

△10％を「標準化」する計算式が、図表3－6です。

この公式により、△10％は、2・25と計算されました。次に図表3－7の「正規分布表」を活用して、0・488という数字が導き出されました。

0・5から0・488を引いた数値0・012をパーセント表示した、1・2％が、富山県の標準宅地の10％以上下落する出現確率です。非常に低い数値で、ほぼ、10％以上下落することはないと言えます。

図表3-7　正規分布表

X	0	1	2	3	4	5	6	7	8	9
0.0	.000000	.003989	.007978	.011966	.015953	.019939	.023922	.027903	.031881	.035856
0.1	.039828	.043795	.047758	.051717	.055670	.059618	.063559	.067495	.071424	.075345
0.2	.079260	.083166	.087064	.090954	.094835	.098706	.102568	.106420	.110261	.114092
0.3	.117911	.121720	.125516	.129300	.133072	.136831	.140576	.144309	.148027	.151732
0.4	.155422	.159097	.162757	.166402	.170031	.173645	.177242	.180822	.184386	.187933
0.5	.191462	.194974	.198468	.201944	.205401	.208840	.212260	.215661	.219043	.222405
0.6	.225747	.229069	.232371	.235653	.238914	.242154	.245373	.248571	.251748	.254903
0.7	.258036	.261148	.264238	.267305	.270350	.273373	.276373	.279350	.282305	.285236
0.8	.288145	.291030	.293892	.296731	.299546	.302337	.305105	.307850	.310570	.313267
0.9	.315940	.318589	.321214	.323814	.326391	.328944	.331472	.333977	.336457	.338913
1.0	.341345	.343752	.346136	.348495	.350830	.353141	.355428	.357690	.359929	.362143
1.1	.364334	.366500	.368643	.370762	.372857	.374928	.376976	.379000	.381000	.382977
1.2	.384930	.386861	.388768	.390651	.392512	.394350	.396165	.397958	.399727	.401475
1.3	.403200	.404902	.406582	.408241	.409877	.411492	.413085	.414657	.416207	.417736
1.4	.419243	.420730	.422196	.423641	.425066	.426471	.427855	.429219	.430563	.431888
1.5	.433193	.434478	.435745	.436992	.438220	.439429	.440620	.441792	.442947	.444083
1.6	.445201	.446301	.447384	.448449	.449497	.450529	.451543	.452540	.453521	.454486
1.7	.455435	.456367	.457284	.458185	.459070	.459941	.460796	.461636	.462462	.463273
1.8	.464070	.464852	.465620	.466375	.467116	.467843	.468557	.469258	.469946	.470621
1.9	.471283	.471933	.472571	.473197	.473810	.474412	.475002	.475581	.476148	.476705
2.0	.477250	.477784	.478308	.478822	.479325	.479818	.480301	.480774	.481237	.481691
2.1	.482136	.482571	.482997	.483414	.483823	.484222	.484614	.484997	.485371	.485738
2.2	.486097	.486447	.486791	.487126	.487455	.487776	.488089	.488396	.488696	.488989
2.3	.489276	.489556	.489830	.490097	.490358	.490613	.490863	.491106	.491344	.491576
2.4	.491802	.492024	.492240	.492451	.492656	.492857	.493053	.493244	.493431	.493613
2.5	.493790	.493963	.494132	.494297	.494457	.494614	.494766	.494915	.495060	.495201
2.6	.495339	.495473	.495604	.495731	.495855	.495975	.496093	.496207	.496319	.496427
2.7	.496533	.496636	.496736	.496833	.496928	.497020	.497110	.497197	.497282	.497365
2.8	.497445	.497523	.497599	.497673	.497744	.497814	.497882	.497948	.498012	.498074
2.9	.498134	.498193	.498250	.498305	.498359	.498411	.498462	.498511	.498559	.498605

0.488

0.5－0.488 → 0.012

②東京の商業地、銀座「鳩居堂」前のリスクとリターン（43年間）

続いて東京です。皆さまご存じのとおり、日本一の土地路線価最高地点は、東京の銀座中央通り沿い、銀座５丁目の「鳩居堂」前です。

路線価データが43年間とれましたので、図表３‐８に、１９８２年から２０２４年までの43年間の路線価の推移をグラフにしています。

「平成バブル」がスタートする前、１９８２年に42万円だった路線価は、２０２４年には、４４２万４千円に、なんと10・５倍にもなっています。東京都心の土地の値上がりがいかに大きいかを表しています。しかしながら、一本調子で上昇したわけではありません。

１９９２年には「平成バブル」、２００８年には「ファンドミニバブル」、２０２０年には、「アベノミクス」と、３つの山をつけています。２０２０年が過去最高値の４５６万円です。坪単価に換算すると、１億５０７４万円にもなっています。

山高ければ谷も深し。１９９７年には「バブル崩壊」に伴い一番底に、２０１２年には、

図表3-8　最高路線価43ヶ年推移表

銀座中央通り　「鳩居堂」前　最高値：坪当たり@1億5,074万円

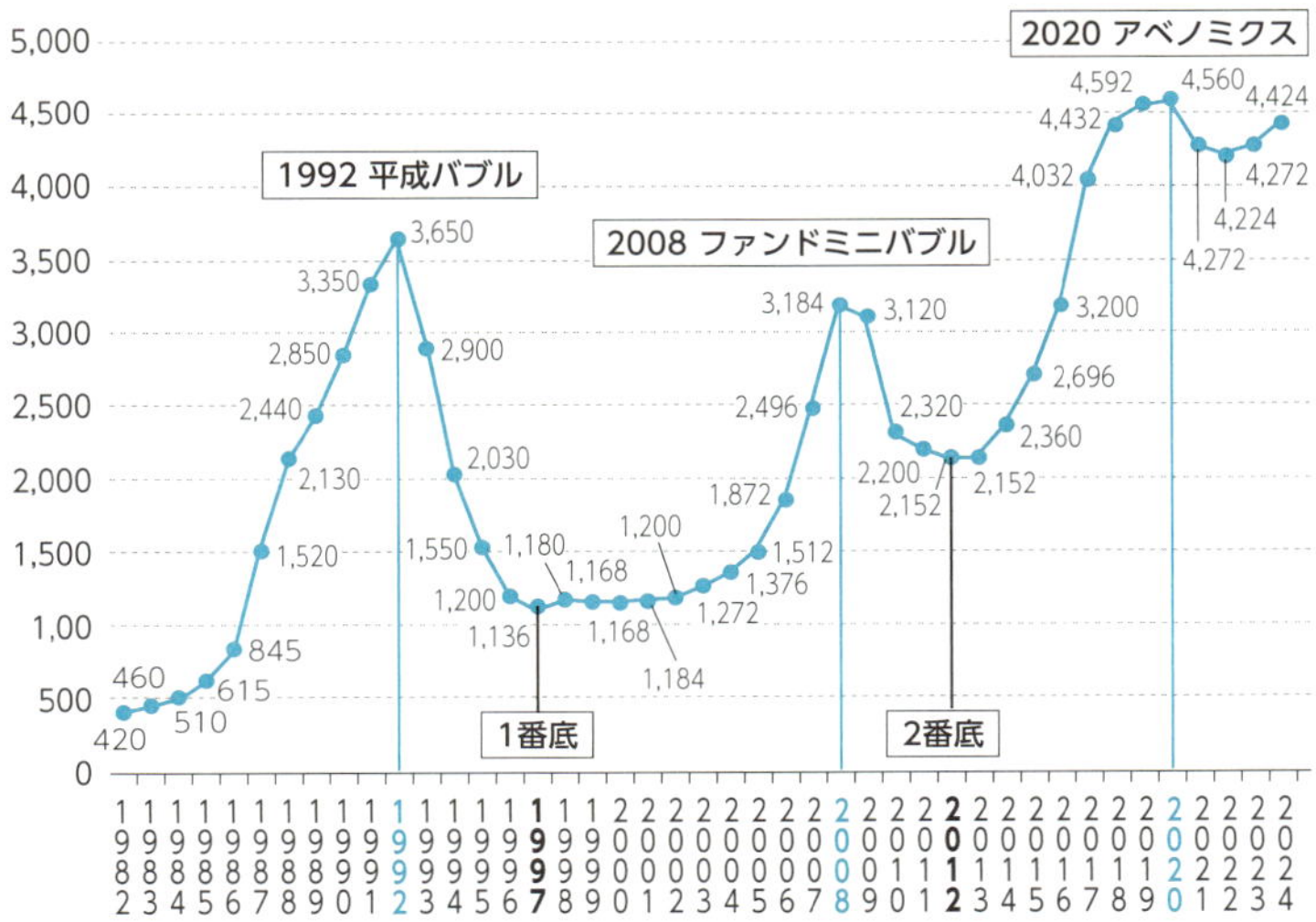

２００８年の「リーマン・ショック」に起因し、「ファンドミニバブル崩壊」があり二番底をつけています。２０１２年、第２次安倍政権で「アベノミクス」がスタートしました。１９９２年の「平成バブル」の高値を更新したのは、２０１７年、実に25年を要しました。いかに、バブル崩壊の傷が深かったかを物語っています。

この43年間の路線価の価格の変化を、上昇・下落率を収益率：ｍとして、上昇・下落の変動幅を標準偏差：σで表してみます。図表３－９が計算の過程を示した表です。

計算によると、平均収益率：ｍは３.９７、標準偏差：σは17・１０という数値になりました。リターンが３.９７%、リスクが17・１０ということです。

この平均収益率、すなわち中央値が３.９７、標準偏差：σが17・１０の「正規分布表」が図表３－10です。

富山県同様、きれいな釣鐘型を描いていますが、座標の数値をみると、富山県の標準宅

図表3-9 東京銀座「鳩居堂」前 路線価43ヶ年 標準偏差の計算

千円/㎡

年代	路線価	R	R−E	(R−E) 2乗
1982	420		(%)	(%)
1983	460	8.70	4.73	22.33
1984	510	9.80	5.83	34.03
1985	615	17.07	13.10	171.69
1986	845	27.22	23.25	540.51
1987	1,520	44.41	40.44	1,635.22
1988	2,130	28.64	24.67	608.53
1989	2,440	12.70	8.73	76.30
1990	2,850	14.39	10.42	108.49
1991	3,350	14.93	10.96	120.02
1992	3,650	8.22	4.25	18.06
1993	2,900	-25.86	-29.83	889.95
1994	2,030	-42.86	-46.83	2,192.78
1995	1,550	-30.97	-34.94	1,220.65
1996	1,200	-29.17	-33.14	1,098.04
1997	1,136	-5.63	-9.60	92.23
1998	1,180	3.73	-0.24	0.06
1999	1,168	-1.03	-5.00	24.97
2000	1,168	0.00	-3.97	15.76
2001	1,184	1.35	-2.62	6.86
2002	1,200	1.33	-2.64	6.95
2003	1,272	5.66	1.69	2.86

年代	路線価	R	R−E	(R−E) 2乗
2004	1,376	7.56	3.59	12.87
2005	1,512	8.99	5.02	25.25
2006	1,872	19.23	15.26	232.89
2007	2,496	25.00	21.03	442.26
2008	3,184	21.61	17.64	311.10
2009	3,120	-2.05	-6.02	36.26
2010	2,320	-34.48	-38.45	1,478.61
2011	2,200	-5.45	-9.42	88.82
2012	2,152	-2.23	-6.20	38.45
2013	2,152	0.00	-3.97	15.76
2014	2,360	8.81	4.84	23.46
2015	2,696	12.46	8.49	72.13
2016	3,200	15.75	11.78	138.77
2017	4,032	20.63	16.66	277.72
2018	4,432	9.03	5.06	25.56
2019	4,560	2.81	-1.16	1.35
2020	4,592	0.70	-3.27	10.71
2021	4,272	-7.49	-11.46	131.35
2022	4,224	-1.14	-5.11	26.07
2023	4,272	1.12	-2.85	8.10
2024	4,424	3.44	-0.53	0.29

合計　12,284.09

① 収益率平均（E）
⇒ 3.97

② Σ(R−E) 2乗／41
⇒ 292.48

③ 標準偏差 σ
⇒ $\sqrt{292.48}$
⇒ 17.10

図表3-10　銀座最高 路線価 43ヶ年 正規分布表

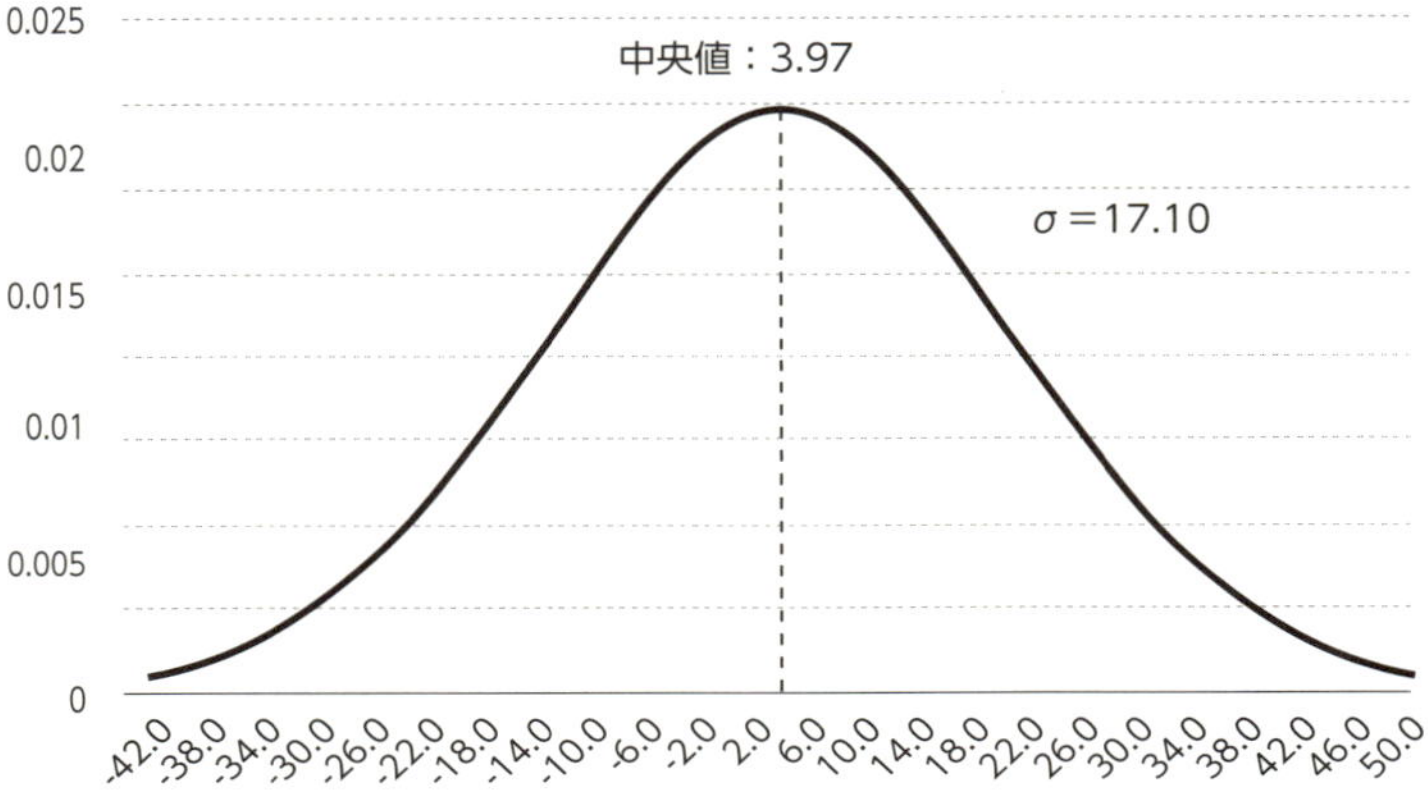

地と比較して、山頂の高さが低く、釣鐘の山の裾野がずいぶん広くなっています。

さて、ここで、富山県の標準宅地と同様に、銀座「鳩居堂」前の路線価が10％以上値下がりする出現確率を求めてみます。

図表3－11の「正規分布表」のx軸に△10％の位置と、△10％以上の範囲を色付けで示しました。

富山県の図表3－5と同様、出現確率を求めるためには、東京中央通り「鳩居堂前」の路線価を本書75ページの図表2－34の数式を用いて「標準化」し、「正規分布表」を活用して求めます。

図表3-11 **銀座最高 路線価 43ヶ年 正規分布表**

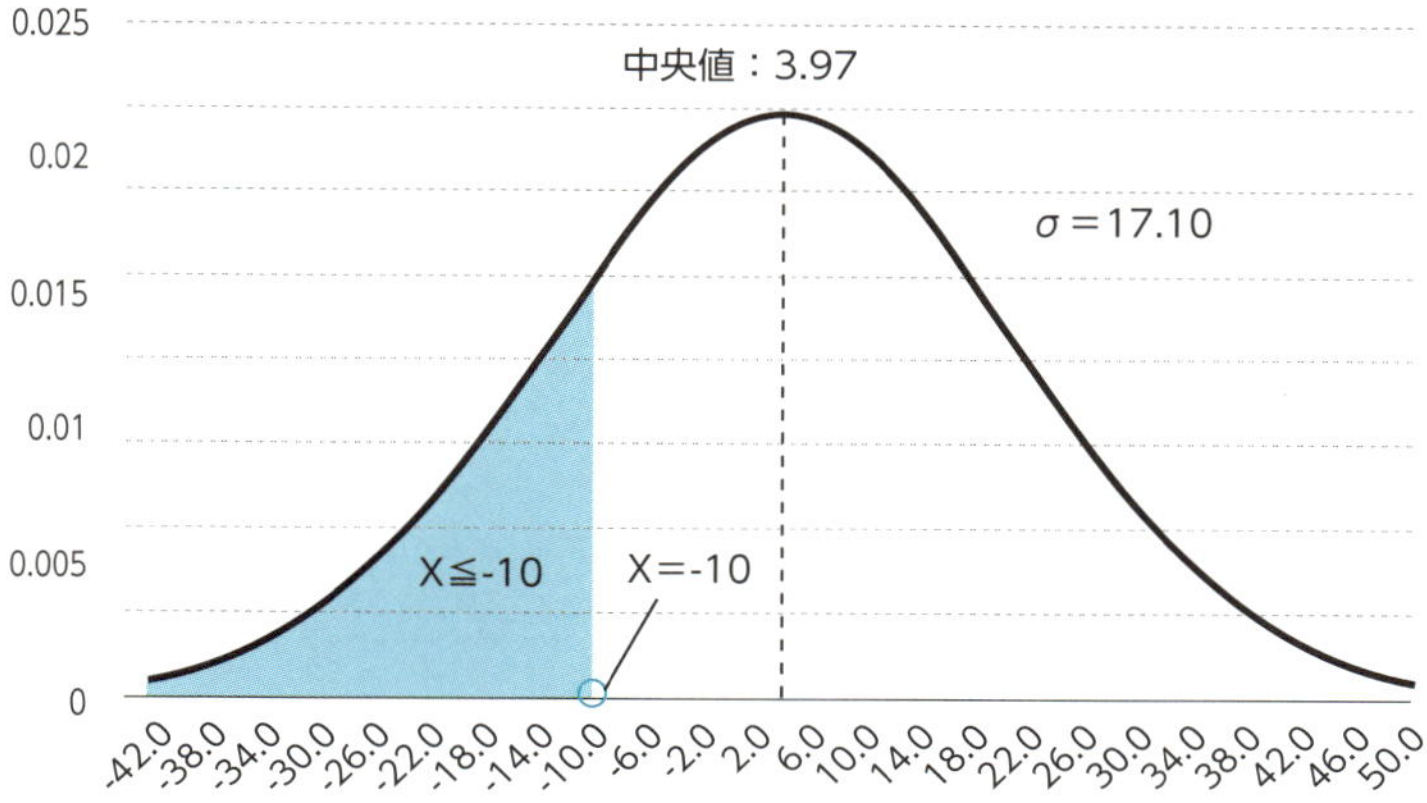

図表3-12 **標準正規分布への標準化**

銀座最高 路線価 43カ年

$$Z = \frac{X - \mu}{\sigma}$$

$$= \frac{-10 - 3.97}{17.10} = 0.82$$

図表3-13　正規分布表

X	0	1	2	3	4	5	6	7	8	9
0.0	.000000	.003989	.007978	.011966	.015953	.019939	.023922	.027903	.031881	.035856
0.1	.039828	.043795	.047758	.051717	.055670	.059618	.063559	.067495	.071424	.075345
0.2	.079260	.083166	.087064	.090954	.094835	.098706	.102568	.106420	.110261	.114092
0.3	.117911	.121720	.125516	.129300	.133072	.136831	.140576	.144309	.148027	.151732
0.4	.155422	.159097	.162757	.166402	.170031	.173645	.177242	.180822	.184386	.187933
0.5	.191462	.194974	.198468	.201944	.205401	.208840	.212260	.215661	.219043	.222405
0.6	.225747	.229069	.232371	.235653	.238914	.242154	.245373	.248571	.251748	.254903
0.7	.258036	.261148	.264238	.267305	.270350	.273373	.276373	.279350	.282305	.285236
0.8	.288145	.291030	.293892	.296731	.299546	.302337	.305105	.307850	.310570	.313267
0.9	.315940	.318589	.321214	.323814	.326391	.328944	.331472	.333977	.336457	.338913
1.0	.341345	.343752	.346136	.348495	.350830	.353141	.355428	.357690	.359929	.362143
1.1	.364334	.366500	.368643	.370762	.372857	.374928	.376976	.379000	.381000	.382977
1.2	.384930	.386861	.388768	.390651	.392512	.394350	.396165	.397958	.399727	.401475
1.3	.403200	.404902	.406582	.408241	.409877	.411492	.413085	.414657	.416207	.417736
1.4	.419243	.420730	.422196	.423641	.425066	.426471	.427855	.429219	.430563	.431888
1.5	.433193	.434478	.435745	.436992	.438220	.439429	.440620	.441792	.442947	.444083
1.6	.445201	.446301	.447384	.448449	.449497	.450529	.451543	.452540	.453521	.454486
1.7	.455435	.456367	.457284	.458185	.459070	.459941	.460796	.461636	.462462	.463273
1.8	.464070	.464852	.465620	.466375	.467116	.467843	.468557	.469258	.469946	.470621
1.9	.471283	.471933	.472571	.473197	.473810	.474412	.475002	.475581	.476148	.476705
2.0	.477250	.477784	.478308	.478822	.479325	.479818	.480301	.480774	.481237	.481691
2.1	.482136	.482571	.482997	.483414	.483823	.484222	.484614	.484997	.485371	.485738
2.2	.486097	.486447	.486791	.487126	.487455	.487776	.488089	.488396	.488696	.488989
2.3	.489276	.489556	.489830	.490097	.490358	.490613	.490863	.491106	.491344	.491576
2.4	.491802	.492024	.492240	.492451	.492656	.492857	.493053	.493244	.493431	.493613
2.5	.493790	.493963	.494132	.494297	.494457	.494614	.494766	.494915	.495060	.495201
2.6	.495339	.495473	.495604	.495731	.495855	.495975	.496093	.496207	.496319	.496427
2.7	.496533	.496636	.496736	.496833	.496928	.497020	.497110	.497197	.497282	.497365
2.8	.497445	.497523	.497599	.497673	.497744	.497814	.497882	.497948	.498012	.498074
2.9	.498134	.498193	.498250	.498305	.498359	.498411	.498462	.498511	.498559	.498605

0.294

0.5−0.294 → 0.206

図表3-14　−10%以上の出現確率の比較

エリア	出現確率
銀座中央通り「鳩居堂」前	20.6%
富山県標準宅地	1.2%

△10％を「標準化」する計算式が、図表3－12です。

この公式により、△10％は、0・82と計算されました。次に図表3－13の「正規分布表」を活用して、0・294という数字が導き出されました。0・5から0・294を引いた数値0・206をパーセント表示した、20・6％が、東京中央通り「鳩居堂」前の10％以上下落する出現確率です。

富山の1・2％に比較して、出現確率がとても高い数値となりました（図表3－14）。下落リスクがとても大きいことを示しています。

リターンについては、富山は32年間で、△3・53%、東京は43年間で、+3・97%、東京の路線価の上昇率が際立っています。リスクについては、富山が2・87、東京が17・10、変動幅の大きさも東京が大きいです。東京は、富山と比較して、「ハイリスク+ハイリターン」であることが読み取れました。

③東京銀座のハイリスクという結果に関しての違和感――5年間で検証する

前述の通り、東京銀座の平均リターンは、43年間で+3・97%という数値でした。東京銀座での投資は、資産を増やす上ではとても効果的です。一方で、標準偏差が17・10と、高いリスクを表しています。

ここでリスクとは、土地価格(路線価)の変動の大きさです。この価格変動幅の大きさが、リスクと、どう関連をしているのかを説明しましょう。

今回の事例は、東京銀座で平成バブル期の1992年の路線価最高値3365万円から、

図表3-15　**最高路線価６ヶ年推移表**

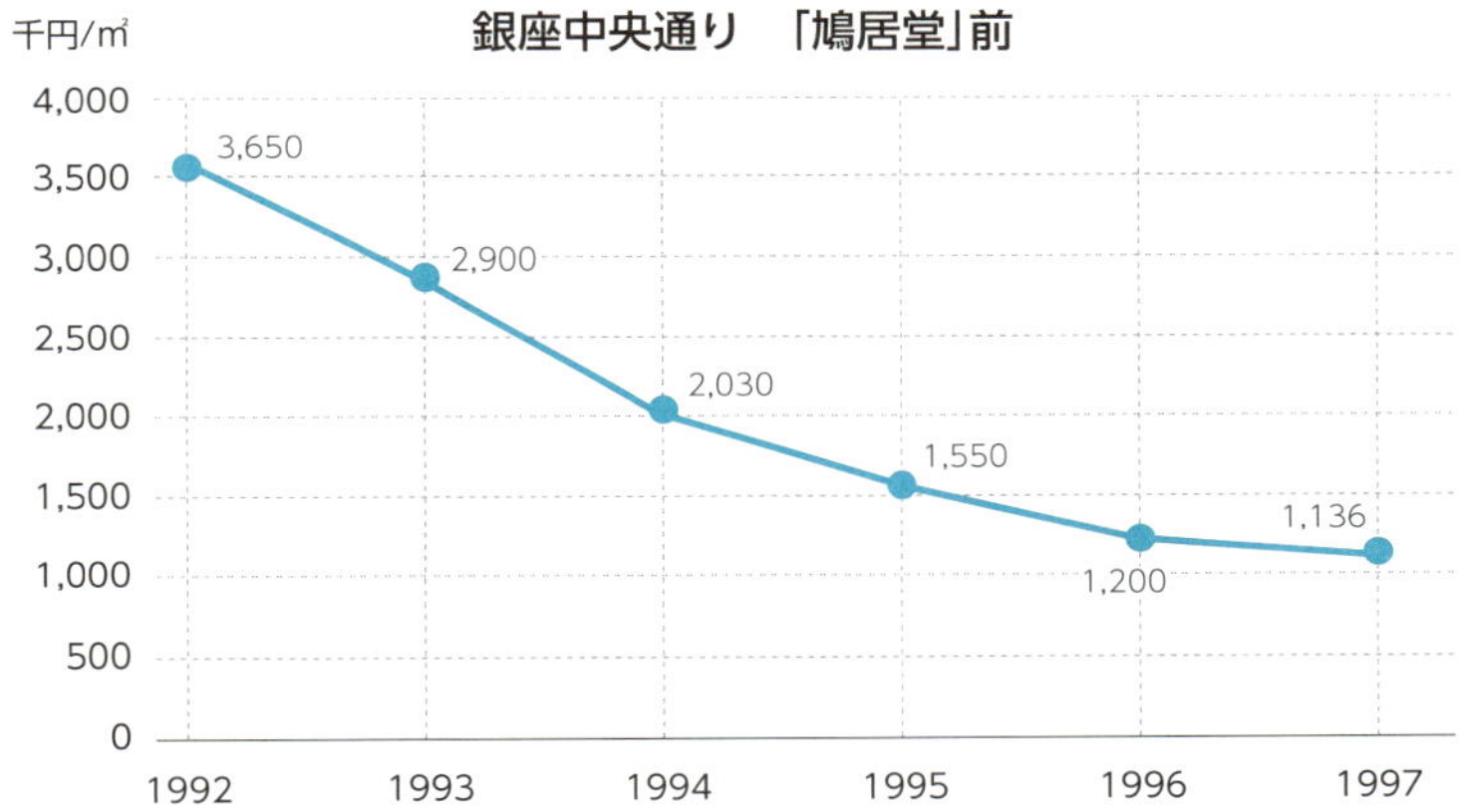

５年後の１９９７年１１３万６千円まで下落し続けた期間においての平均収益率と標準偏差を求めてみます。

図表３－15は、１９９２年から１９９７年までの路線価をグラフにしたものです。

そして、この路線価の推移から、平均収益率と、標準偏差を求めてみました。その計算過程を表にしたものが、図表３－16です。

計算によると、なんと平均の収益率が△26・９％、標準偏差が55・１４となりました。すなわち平均の下落率は、平成バブルの崩壊以降の５年間は、毎年平均で26・９％も下落

図表3-16 東京 銀座 路線価 5ヶ年 標準偏差の計算

千円/㎡

年代	路線価	R	R－E	(R－E) 2乗
1992	3,650			
1993	2,900	-25.86	-29.85	891.15
1994	2,030	-42.86	-46.85	2,194.65
1995	1,550	-30.97	-34.96	1,222.04
1996	1,200	-29.17	-33.16	1,099.36
1997	1,136	-5.63	-9.62	92.62

合計 -134.49　　合計 15200.49

① 収益率平均 (E)
⇒ －26.90

② Σ (R－E) 2乗／5
⇒ 3040.10

③ 標準偏差 σ
⇒ √3040.10
⇒ 55.14

し続けています。このように、リスクが大きい、言い換えれば標準偏差値が大きいとは、下落局面においての下げ幅も大きいということを意味します。これが、まさにリスクという所以です。

平成バブル華やかなりし頃「金屏風」で世を騒がせた「平和相互銀行乗っ取り事件」、バブル不動産「秀和」による「忠実屋・いなげや株買い占め事件」、企業乗っ取りの「光進事件」など、大型経済事件を逆転勝利に導いてきた弁護士でもあり、「凄腕用心棒」と言われた河合弘之氏の講演を聞いたことがあります。

その講演の中で、河合弁護士は「確かに東

京の不動産は、長期トレンドを見れば、明らかに右肩上がり、必ず値上がりする。ただし、金融機関の貸し出し期間とは長さの物差しに違いがある。金融機関が求める期間に、どう対応できるかが勝ち負けの分水嶺となる」との言葉に、「まさに、その通り」と、えらく感心しました。私も会社経営を長く行ってきましたが、金融機関から借りたお金への返済要求との闘いでした。

例えば、今回の事例のように、平成バブルの頂点1992年に、金融機関からお金を借りて、東京銀座の土地を担保に入れて購入したとします。5年間は、一本調子で急落、69％の下落です（３６５０千円→１１３６千円、図表３－８参照）。

こうなると、差し入れた東京銀座の土地の担保が大きく棄損し、借り入れの一括返済か、棄損した担保割れ分の現金の内入れ、あるいは別に不動産の担保提供するよう要求されます。このように、所有不動産の下げ幅が大きい場合には、企業は金融機関からの要求に応えることが不可能な事態に陥ります。金融機関は、新規融資を停止、企業は資金繰りに窮し、倒産という結果を招きます。

図表3－8で見られるように、1992年の最高値から25年後の2017年には時間はかかりましたが、高値更新しました。2020年には、アベノミクスにより、さらに路線価は最高値を付けることになります。

ここまで生き延びたとすれば、1992年に購入してしまった東京銀座の土地も、息を吹き返すわけです。金融機関が、急落に一喜一憂せず、広い心で待ってさえしてくれれば問題はないのです。もちろん、そうは問屋が卸しませんよね。

土地の価格変動のリスクが大きいとは、下げ局面においての下げ幅が大きいということと同義です。繰り返しになりますが、このリスクに直面した場合は、上昇トレンドに転換するまで、なんとか生き延びれば、活路が見出せます。

対処療法ではなく、事前に予防できる対策はないでしょうか。その方法が、ポートフォリオを組むことによる、リスクを小さくする、標準偏差値を下げることに他なりません。下げ局面において、いかに下げ幅を抑えるかが重要になって来るのです。

④東京、富山のポートフォリオ効果の検証（21年間）

続いて、第3章の目的である「ポートフォリオ効果」の検証をしていきます。

東京のサンプルは前述の銀座5丁目、「鳩居堂前」で、富山のサンプルは富山県内で路線価最高値、同じく商業地である北陸新幹線富山駅前、「桜町1丁目」とします。

期間は、富山桜町の路線価データがインターネットで調べることができた２００４年から２０２４年の21年間とします。２００４年は「バブル崩壊」による大底を固め、「ファンドバブル」へスタートした時期です。

この間の、収益率：ｍと標準偏差：σの比較、組み入れ率を０％～１００％まで10％刻みで行った場合の平均収益率：ｍと標準偏差：σの数値の変化から、「ポートフォリオ効果」を確認し、最良の組み入れ率である「効率的フロンティア」を導き出すことを目的とします。

⑤東京銀座のリスクとリターン（21年間）

さて、東京銀座「鳩居堂」前の路線価は、２００４年に１３７万６千円でした。21年後の2024年には、442万4千円に上昇しました。この21年間には、前述の通り、「ファンドバブル」に伴う上昇局面が、「リーマン・ショック」により一気に下落、「アベノミクス」により切り返し上昇、「コロナ感染拡大」による下落と、上昇、下落と波を描きながら、トレンドとすれば、上昇しています（図表3－17）。

この21年間の路線価の変化を、上昇・下落率を収益率：mとして、上昇・下落の変動幅を標準偏差：σで表します。図表3－18が計算の過程を示した表です。

計算によると、東京銀座の平均収益率：mは4・97、標準偏差：σは12・68という数値になりました。すなわち、リターン4・97％、リスク12・68です。

図表3-17　東京 最高路線価・銀座 21年推移

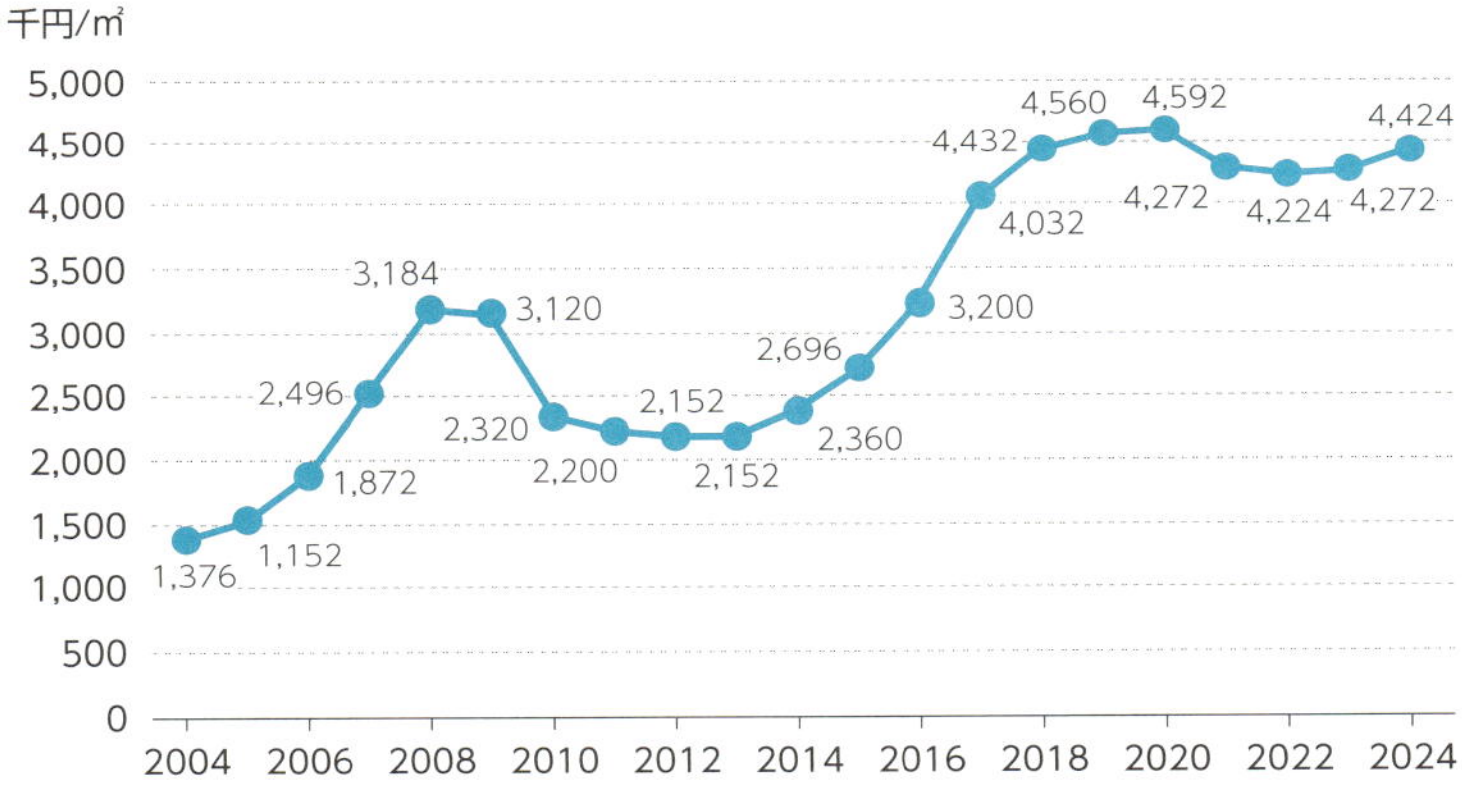

図表3-18　東京 銀座 路線価 21ヶ年 標準偏差の計算

千円/㎡

年代	路線価	R	R−E	(R−E) 2乗
2004	1,376	7.56	2.59	6.70
2005	1,512	8.99	4.02	16.20
2006	1,872	19.23	14.26	203.37
2007	2,496	25.00	20.03	401.20
2008	3,184	21.61	16.64	276.82
2009	3,120	-2.05	-7.02	49.30
2010	2,320	-34.48	-39.45	1,556.52
2011	2,200	-5.45	-10.42	108.67
2012	2,152	-2.23	-7.20	51.85
2013	2,152	0.00	-4.97	24.70
2014	2,360	8.81	3.84	14.77
2015	2,696	12.46	7.49	56.14
2016	3,200	15.75	10.78	116.21
2017	4,032	20.63	15.66	245.39
2018	4,432	9.03	4.06	16.45
2019	4,560	2.81	-2.16	4.68
2020	4,592	0.70	-4.27	18.26
2021	4,272	-7.49	-12.46	155.27
2022	4,224	-1.14	-6.11	37.29
2023	4,272	1.12	-3.85	14.79
2024	4,424	1.12	-1.53	2.35
		合計 100,86		合計 3,376.93

① 収益率平均（E）
⇒ 4.97

② Σ（R−E）2乗／41
⇒ 160.81

③ 標準偏差σ
⇒ √160.81
⇒ 12.68

⑥ 富山桜町のリスクとリターン（21年間）

富山桜町の路線価は、２００４年に60万円でした。東京銀座の路線価は同時期に１３７万６千円でしたから、東京銀座の路線価は富山桜町のわずか2・3倍に過ぎなかったということが分かります。21年後の２０２４年は52万円ですから、13％下落したことになります。

「平成バブル崩壊」の余波が地方都市には残っており、２００４年の60万円が、翌年の２００５年の44万円へ27％の大幅ダウンが響いています。２０１４年からは、「アベノミクス」によるデフレ脱却、路線価も堅調に緩やかではありますが、上昇局面に転じました（図表３－19）。

この21年間の路線価の価格の変化を、同じく上昇・下落率を収益率：ｍとして、上昇・下落の変動幅を標準偏差：σで表します。図表３－20が計算の過程を示した表です。

計算によると、富山桜町の平均収益率：ｍは△０・９６とマイナス、標準偏差：σは８・

図表3-19　富山 最高路線価・桜町１丁目 21年推移

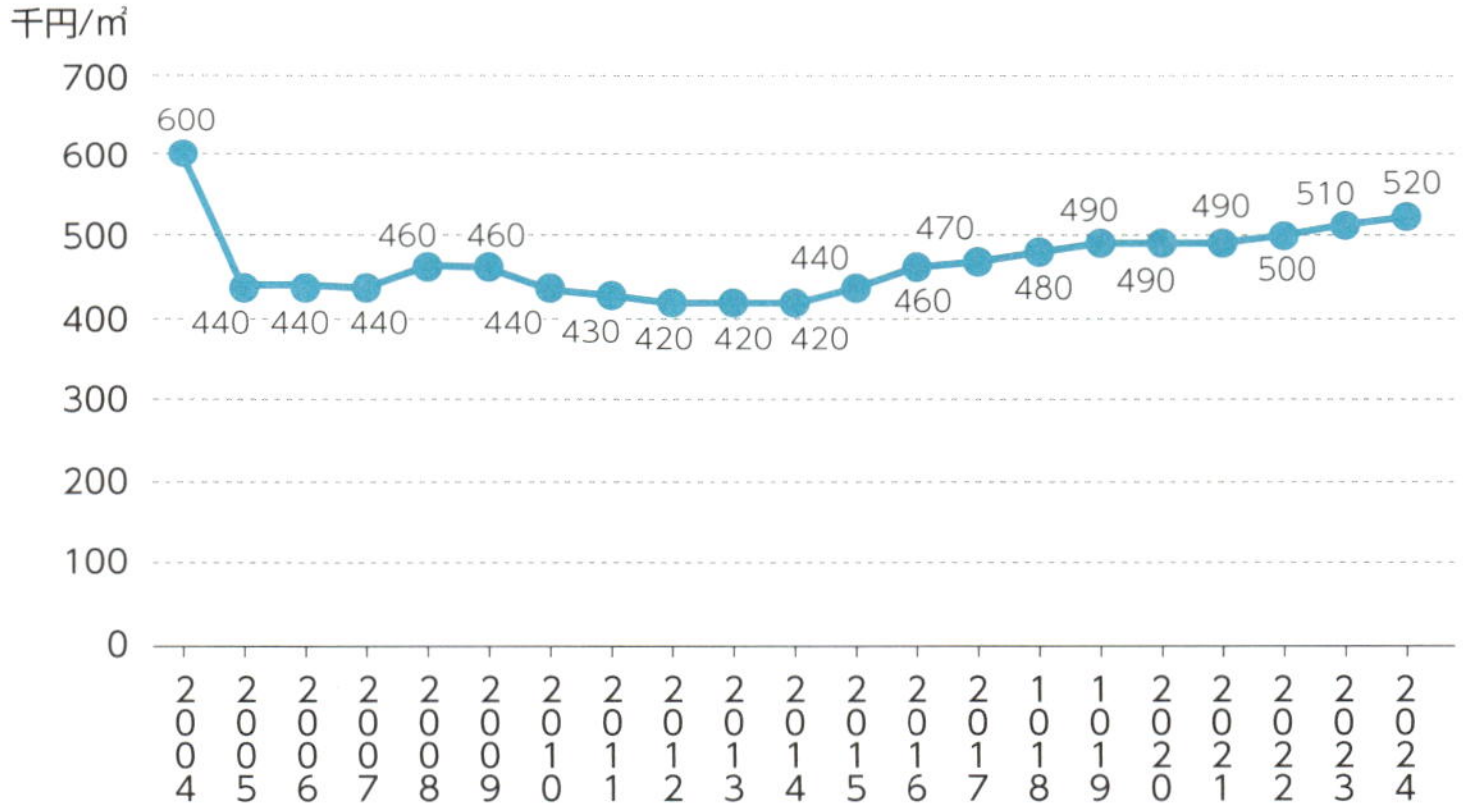

図表3-20　富山桜町 路線価 21ヶ年 標準偏差の計算

千円/㎡

年代	路線価	R	R−E	(R−E) 2乗
2004	600	0	0.96	0.92
2005	440	-36.36	-35.40	1,253.42
2006	440	0	0.96	0.92
2007	440	0	0.96	0.92
2008	460	4.35	5.31	28.17
2009	460	0	0.96	0.92
2010	440	-4.55	-3.59	12.86
2011	430	-2.33	-1.37	1.86
2012	420	-2.38	-1.42	2.02
2013	420	0	0.96	0.92
2014	420	0	0.96	0.92

年代	路線価	R	R−E	(R−E) 2乗
2015	440	4.55	5.51	30.31
2016	460	4.35	5.31	28.17
2017	470	2.13	3.09	9.53
2018	480	2.08	3.04	9.26
2019	490	2.04	3.00	9.00
2020	490	0	0.96	0.92
2021	490	0	0.96	0.92
2022	500	2.00	2.96	8.76
2023	510	1.96	2.92	8.53
2024	520	1.92	2.88	8.31

合計 -22.16　　合計 1,417.59

① 収益率平均（E）
⇒ -0.96

② Σ (R−E) 2乗／21
⇒ 67.50

③ 標準偏差 σ
⇒ $\sqrt{67.50}$
⇒ 8.22

22という数値になりました。すなわち、リターン△0・96％、リスク8・22です。

リターンについては、富山桜町は△0・96％、東京銀座は＋4・97％、東京銀座の路線価の上昇率が21年間においても際立っています。リスクについては、富山桜町が8・22、東京銀座が12・68。21年間の期間においても、変動幅は東京銀座が大きいですが、リスクの数値の差は43年間で検証した場合に比べ、縮小しています。

ただ21年間の比較でも、東京銀座は「ハイリスク＋ハイリターン」であることが読み取れました。

⑦東京銀座と富山桜町の相関関係を相関係数：rで数値化

さて、続いて東京銀座と富山桜町の相関関係を見ていきます。

これまでに、何度も申し上げてきた通り、相関関係には、2つの投資が同じように連動して動く「正の相関関係」と、全く逆の動きをする「負の相関関係」があります。この関係性を数値化し、相関係数：rで表し、rは、「△1＜r＜1」の値になります。

「負の相関係数」の最大値は△1、「正の相関係数」の最大値は1です。そして、r＝△1、つまり「負の相関関係」が一番強いときが「ポートフォリオ効果」が一番発揮されるときで、標準偏差：σが最少となる、すなわち、リスクを最少にすることができます。

それでは、さっそく、東京銀座と富山桜町の相関係数の計算をしていきましょう。

相関係数算出の数式は、

「相関係数：r＝東京銀座・富山桜町の共分散／（東京銀座の標準偏差：σ×富山桜町の標準偏差：σ）」

です。したがって、相関係数の計算には、まずは、東京銀座と富山桜町の共分散の値を求める必要があります。

東京銀座と富山桜町の共分散を求める算式は、

「東京銀座と富山桜町の共分散＝Σ［東京銀座（R－E）×富山桜町（R－E）］／21です。

図表3-21　東銀座（鳩居堂）・富山の共分散、相関係数の計算

	東京 銀座		富山 桜町		東京（R-E）×富山（R-E）
年代	R	R−E	R	R−E	
2004	7.56	2.59	0.00	0.96	2.48
2005	8.99	4.02	-36.36	-35.40	-142.49
2006	19.23	14.26	0.00	0.96	13.69
2007	25.00	20.03	0.00	0.96	19.23
2008	21.61	16.64	4.35	5.31	88.31
2009	-2.05	-7.02	0.00	0.96	-6.74
2010	-34.48	-39.45	-4.55	-3.59	141.46
2011	-5.45	-10.42	-2.33	-1.37	14.24
2012	-2.23	-7.20	-2.38	-1.42	10.23
2013	0.00	-4.97	0.00	0.96	-4.77
2014	8.81	3.84	0.00	0.96	3.69
2015	12.46	7.49	4.55	5.51	41.25
2016	15.75	10.78	4.35	5.31	57.22
2017	20.63	15.66	2.13	3.09	48.37
2018	9.03	4.06	2.08	3.04	12.34
2019	2.81	-2.16	2.04	3.00	-6.49
2020	0.70	-4.27	0.00	0.96	-4.10
2021	-7.49	-12.46	0.00	0.96	-11.96
2022	-1.14	-6.11	2.00	2.96	-18.07
2023	1.12	-3.85	1.96	2.92	-11.23
2024	3.44	-1.53	1.96	2.88	-4.42

合計 242.22

東京銀座・富山桜町の共分散＝242.22／21 ⇒ 11.53

図表3-22　東京銀座・富山桜町の相関係数の計算

$$\frac{\text{相関係数}}{r} = \frac{\text{東京銀座・富山桜町の共分散}}{\text{東京銀座の標準偏差×富山桜町の標準偏差}}$$

$$= \frac{11.53}{12.68\times 8.22}$$

$$= 0.11\ \text{(正の相関係数)}$$

図表３－21に計算の過程を表に表しています。この計算により、東京銀座と富山桜町の共分散は、11・53と導き出されました。

次に、相関係数を計算しましょう。東京銀座の標準偏差：σは12・68、富山桜町の標準偏差：σは8・22なので、相関係数：ｒ＝11・53／（12・68×8・22）により、ｒ＝0・11（正の相関関係）と求められました（図表３－22）。

⑧ポートフォリオによる収益率と標準偏差の計算

ここからが、この第3章のクライマックス、「ポートフォリオ効果」の検証です。

図表3－23は、東京銀座と富山桜町の投資金額の割合を10％刻みで0％～100％まで、①～⑪までのポートフォリオを組み、それぞれの標準偏差の計算の過程を表にしています。

ここで、標準偏差を求めるためには、第2章の図表2－51の算式により求めます。

この計算式に基づき算出された標準偏差：σを、図表3－24に一覧表にしました。

①東京銀座100％の場合の収益率：m＝4.97、標準偏差：σ＝12.68から、⑪富山桜町100％の場合の収益率：m＝△0.96、標準偏差：σ＝8.22まで、数値が変化しています。標準偏差：σの計算において、相関係数：rが必要になります。

図表3-23
東京銀座・富山桜町のポートフォリオごとの標準偏差の計算

No.	東京銀座	富山桜町	m	Z	σ：√(Z)
①	100%	0%	4.97	160.78	12.68
②	90%	10%	4.38	131.94	11.49
③	80%	20%	3.78	107.44	10.37
④	70%	30%	3.19	87.27	9.34
⑤	60%	40%	2.60	71.44	8.45
⑥	50%	50%	2.01	59.95	7.74
⑦	40%	60%	1.41	52.80	7.27
⑧	30%	70%	0.82	49.99	7.07
⑨	20%	80%	0.23	51.51	7.18
⑩	10%	90%	-0.37	57.37	7.57
⑪	0%	100%	-0.96	67.57	8.22

※ Z＝[σ(東京)×p(東京)]2乗＋［σ(富山)×p(富山)]2乗＋ r ×[σ(東京)×p(東京)] ×［σ(富山)×p(富山)]

図表3-24
東京銀座・富山桜町のポートフォリオごとの平均収益率と標準偏差の計算

No.	東京銀座	富山桜町	m	σ
①	100%	0%	4.97	12.68
②	90%	10%	4.38	11.49
③	80%	20%	3.78	10.37
④	70%	30%	3.19	9.34
⑤	60%	40%	2.60	8.45
⑥	50%	50%	2.01	7.74
⑦	40%	60%	1.41	7.27
⑧	30%	70%	0.82	7.07
⑨	20%	80%	0.23	7.18
⑩	10%	90%	-0.37	7.57
⑪	0%	100%	-0.96	8.22

⑨ポートフォリオ効果の発見

図表3－24の一覧表をグラフにしたものが、図表3－25です。

ご覧の通り、①から⑪まで、U型の曲線を描きました。このように、東京銀座と富山桜町のポートフォリオの組み入れ率を変動させることにより、リスクである標準偏差：σが変化します。

この標準偏差：σが最小値となる地点⑧が見つかりました。この現象を「ポートフォリオ効果」と呼んでいます。投資家は、同じリスク（標準偏差：σ）であれば、より高いリターン（収益率：m）を求めます。グラフの上部に位置する①から⑧が「効率的フロンティア」という領域になります。

投資家は、自分の投資基準にしたがって、この「効率的フロンティア」の領域内で、ポートフォリオの選択をすることになります。「効率的フロンティア」の領域内でも、高いリターンを求めようとすれば①の投資、銀座100％の投資を選択します。リターンは4・97％確保できますが、リスクは12・68と高くなることを覚悟することになります。

図表3-25
東京銀座・富山桜町のポートフォリオごとの平均収益率と標準偏差のグラフ

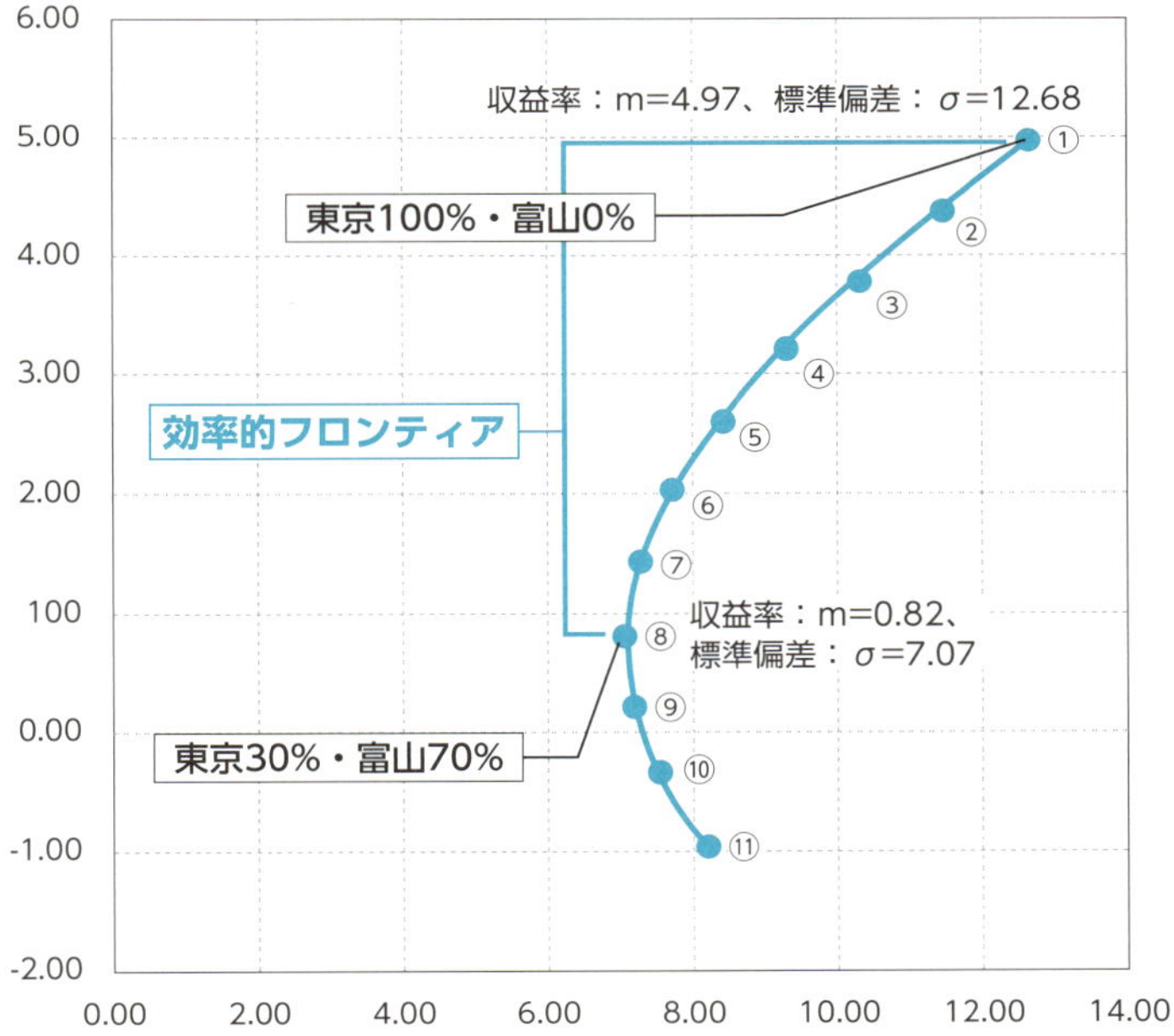

同じく「効率的フロンティア」の領域内において、リスクを最少にしたい投資家は、⑧の東京銀座30％＋富山桜町70％のポートフォリオ投資を選択します。リスクが7・07と、①～⑪までのポートフォリオ内では一番小さくなりますが、その分、リターンも0・82％と小さな値です。繰り返しになりますが、どちらを選択するかは、投資家が持っている固有の投資判断の基準に沿うことになります。

⑩ 効果を説明するためのモデル

第3章を終えるにあたり、補足をさせていただきます。

あくまで、「ポートフォリオ効果」を分かりやすく説明するために、実際は現実的ではない、東京銀座と富山桜町でのポートフォリオを組みました。

なぜならば、実際の不動産購入による投資額は、東京銀座では100億円前後、富山桜町においては10億円前後が想定されます。一般的な個人の投資家が投資できる額を大きく超えています。しかしながら、あくまで、この第3章の事例は、不動産投資においての「ポートフォリオ効果」を数値で説明するためのモデルです。ご理解をいただきたいと存じます。

また、実際の不動産投資には、賃料収入という収益も考慮に入れます。第3章の事例は、あくまで、不動産物件の土地価格（路線価）の変動、価値の増減を、リスクとリターンで分析しています。この点も、焦点をしぼって、投資対象のモデルを単純化しています。ご理解願います。

【コーヒーブレイクⅡ】「一物六価」

土地の評価価格は、「一物六価」とも言われ、評価する目的によって、六種類の価格が存在しています。これが、土地の評価が複雑怪奇と言われる所以です。この六種類の土地の価格に関して解説しましょう。

1.「売買時価（実勢価格）」

何と言いましても、土地評価の大原則は、「売買時価」評価です。評価したい対象となる土地の周辺の売買取引事例を参考に、諸条件の違いを補正して算出します。実際の売買取引価格を反映した評価価格なので、今現在の価格と言えます。ただし、問題点は、実勢価格を知りたい土地の周辺に売買事例が少ないエリアだと、比較検討ができないといったことがあります。実勢価格は、絶えず変化しているので、情報収集の質と量が大切です。比較対象地が多ければ多いほど、より正確と言えます。

2.「地価公示」

地価公示法に基づいて、国土交通省が、その年の1月1日時点における標準地の価格を3月中旬に公表しています。2024年地価公示では、26000地点で実施されました。

主な役割は、一般の土地の取引に対して指標を与えること、不動産鑑定の基準になること、公共事業用地取得価格の基準になること等があります。

「地価公示」の価格は、「実勢価格」の約9割が目安とされています。

3.「基準地価」

国土利用計画法に基づいて、都道府県が、その年の7月1日時点における基準地の価格を9月下旬に公表しています。全国の約2万地点で実施されます。用途別に「住宅地」「商業地」「工業地」「全用途平均」に分類して示されます。

主な役割は、一般の土地の取引や、地方公共団体や民間企業の土地取引の目安として活用されます。

「基準地価」の価格は、「実勢価格」の約9割が目安とされています。

4.「路線価（相続税評価額）」

国税庁が、その年の1月1日時点における、市街地的形態を形成する地域の路線（道路）に面する宅地の価格を7月上旬に公表しています。

主な役割は、相続や贈与があった場合の相続税や贈与税を計算する時の基準となる価格です。金融機関が担保とする土地の評価をする場合も、この「路線価」を基準に算定します。したがって、不動産業者が、土地所有者から土地の査定の依頼を受けた場合も、この「路線価」を基準にして計算し査定します。

「路線価」の価格は、「実勢価格」の約7割が目安とされていますが、東京都内は約5割と、大都市圏と地方圏によって、割合に違いがあります。

5.「固定資産税評価額」

各市町村（東京23区は都）が、土地・建物の固定資産税を決める際の基準となる評価額で、土地・建物の1月1日現在に、不動産登記をしている所有者を対象に、固定資産税が課税されます。3年に一度、評価替えが行われます。「都市計画税」や「登録免許税」「不動産取得税」も固定資産税評価額を基に計算されます。

「固定資産税評価額」の価格は、土地の場合「実勢価格」の約65%、新築建物の場合は、請負工事額の約50%~60%が目安となっています。

6.「地価LOOKレポート(全国主要都市地価報告)」

国土交通省が、主要都市の高度利用地等を対象に、四半期毎の地価動向を調査し、先行的な地価動向を明らかにするものです。

調査対象は全国80地区で、内訳は、東京圏35地区、大阪圏19地区、名古屋圏8地区、地方圏18地区となっています。

図表C-2 **不動産価格「一物六価」**

- 土地の評価方法 -

土地評価の考え方 ⇒ 大原則は、『時価』（取引実勢価格）
土地の評価方法 ⇒ 6つの評価方法

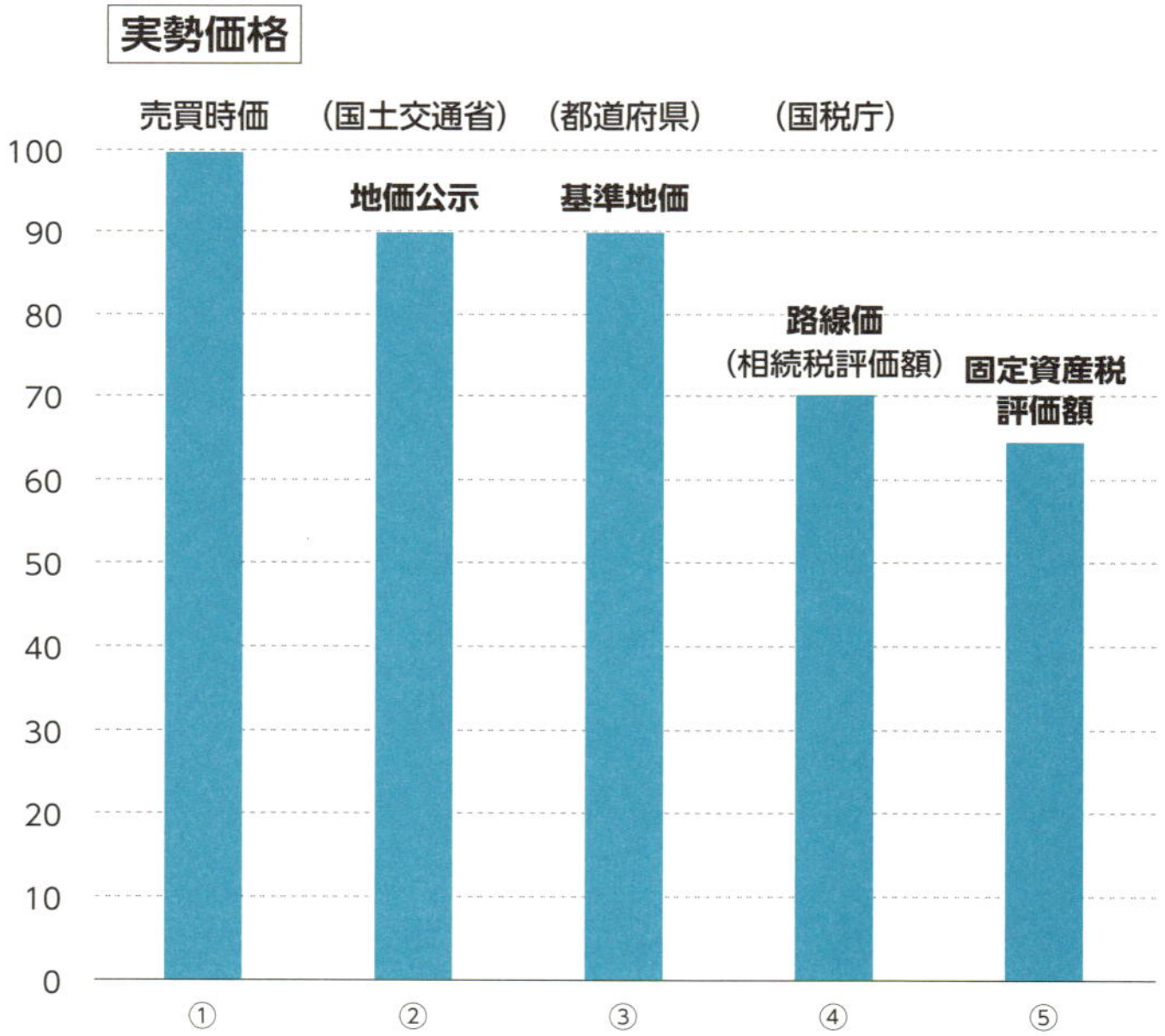

①売買時価（実勢価格）
②地価公示
③基準地価
④路線価（相続税評価額）
⑤固定資産税評価額
⑥地価LOOKレポート
（全国主要都市地価報告）
※ 四半期ごと、年3回

第4章

「含み資産」の拡大！東京投資を検証する

①東京の不動産価格上昇の実態

東京で「純資産」が増える主たる要因は、所有不動産の価格が上がることによるものです。購入時の仕入価格（簿価）から、実勢価格（現時点）との上昇差額分が、「含み資産」として「純資産」に蓄積されていきます。この「純資産」額の大きさこそが、投資家としての基盤となり、不動産投資事業の「安定力」そのものになります。

ここでは、実際に、不動産価格の上昇の実態を、公表されている統計データで検証していきます。

図表４－１は、東京23区内で供給された「新築区分マンション」に関して、２０２３年度までの19年間に渡る販売価格の平均をグラフにしたものです（不動産経済研究所の調査より）。

２０２３年度の販売価格の平均は1億１４８３万円と、初めて1億円台に乗せました。この1億円を大幅に更新したニュースが大きな話題になったことは記憶に新しいところで

図表4-1
東京23区 新築 分譲マンション 平均販売価格 19年推移

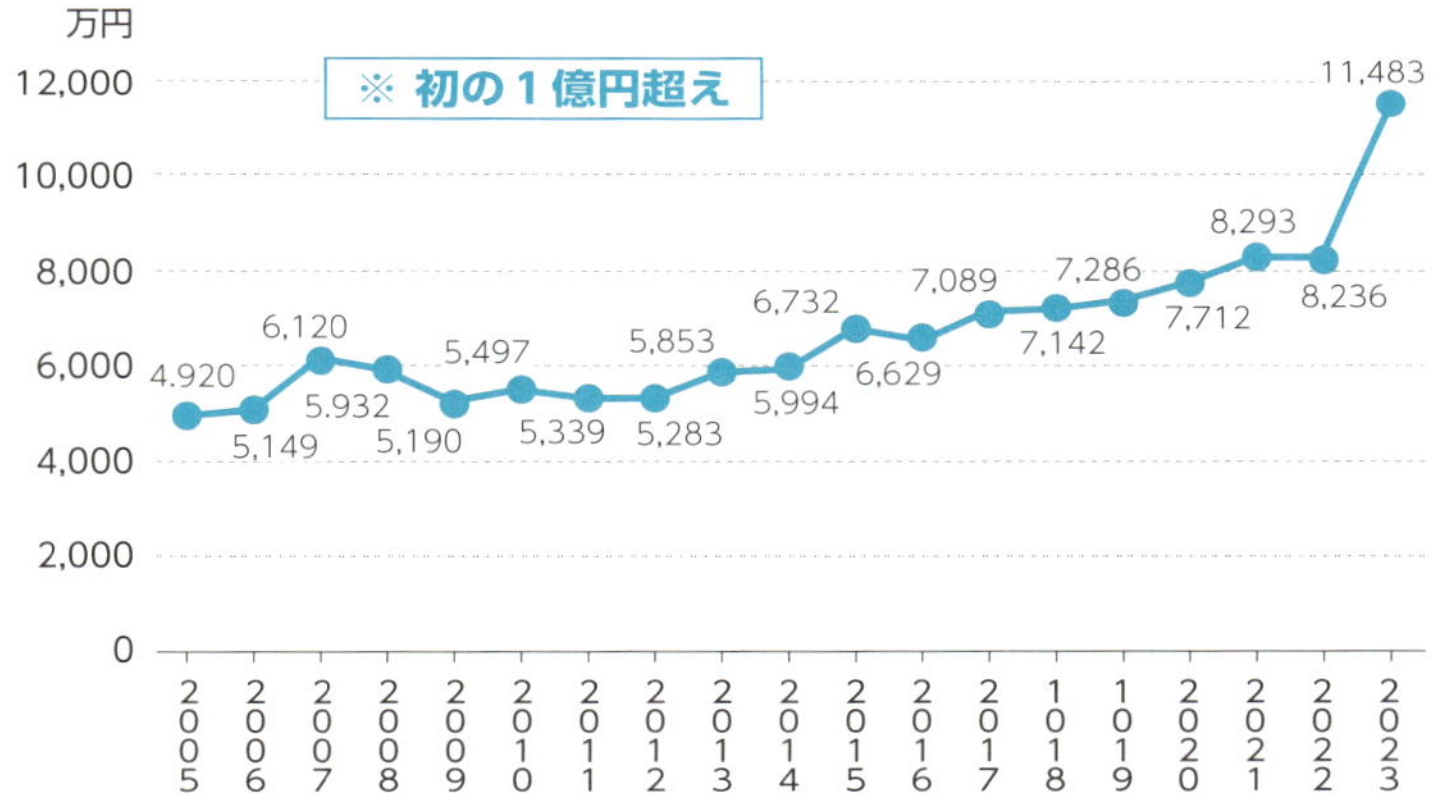

（出所）不動産経済研究所の調査より筆者作成

す。

前年の２０２２年度から、プラス３１８７万円の大幅アップです。また19年間の趨勢は、一貫して右肩上がりの上昇となっています。

２０２３年度に大幅に上昇した要因の一つとして、最高販売価格45億円とも言われる「三田ガーデンヒルズ」に代表されるような、都心の超一等地で高額新築マンションが供給されたことが、直接的に平均価格を押し上げました。

マクロ的には、デベロッパーによる土地の仕入価格の上昇、人手不足、円安に伴う建築資材の高騰による建築費の上昇などの要因が上げられています。
購入側の側面で見てみると、円安により中国などの海外投資家が、為替の影響で割安感がある日本への投資が活性化しています。また世帯年収1000万円以上と言われる夫婦共働きで高収入のパワーカップル層が、高所得を背景に、利便性の高い好立地の物件を購入しています。

「新築区分マンション」のデベロッパーは、都心の超一等地で開発を行い、売れ行きを見ながら供給量を調整し、順調な売れ行きで強気な価格での値付けをしています。現状、売れ続けていることを背景に、地域の相場価格とはかけ離れた、驚きの販売価格の設定で価格の上昇が続いています。一部の湾岸タワーマンションでは、バブル現象再来かの声も出始めているようです。

続いて、図表4-2のグラフは、東京都内の2023年度まで22カ年の「中古区分マンション」の成約単価と成約戸数の趨勢を示しています。「東日本不動産流通機構」からの公表データに基づきます。

図表4-2
東京都 中古区分マンション 22ヶ年 成約実績推移表

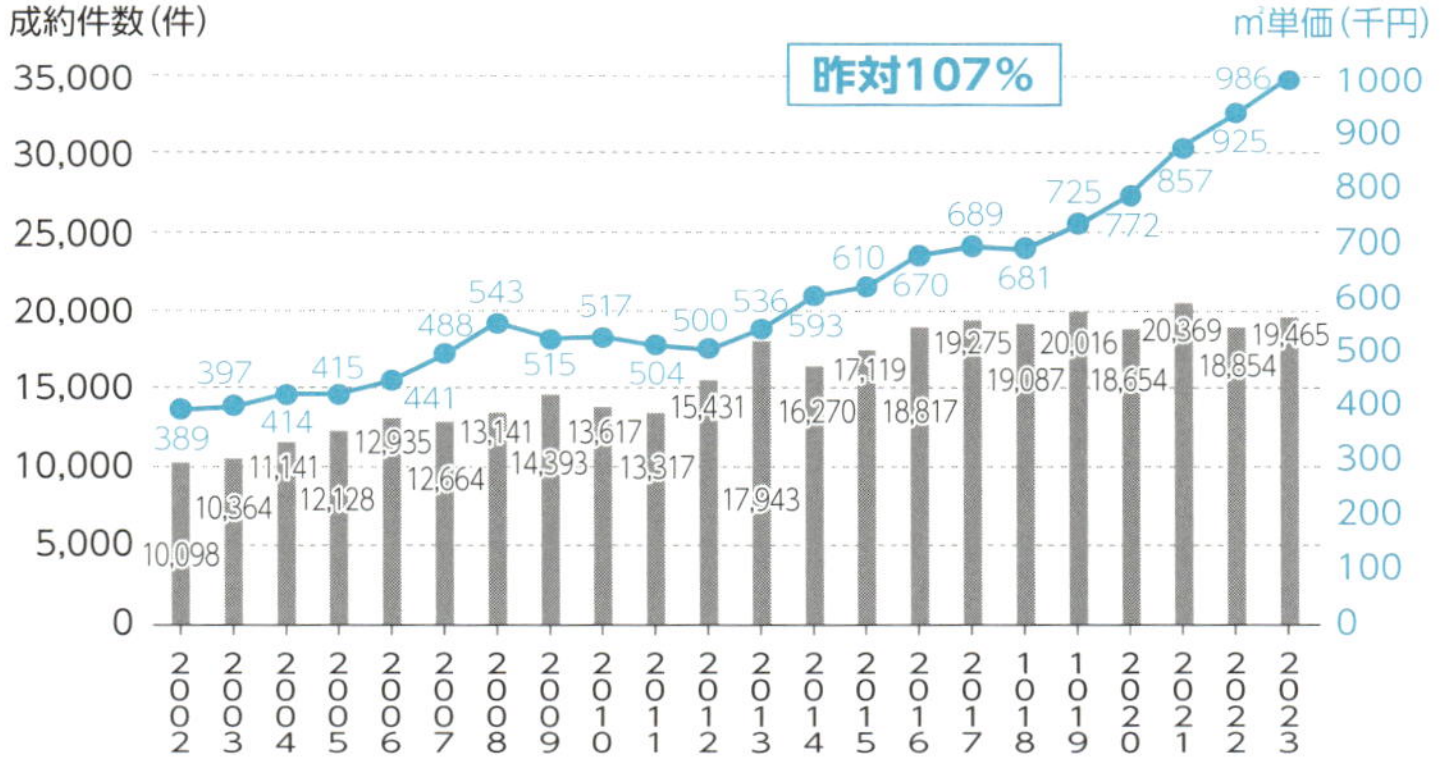

（出所）[「東日本レインズ　月例速報　マーケットウォッチ12月」（財）東日本不動産流通機構]

このグラフから「中古区分マンション」の取引実態が読み取れます。

「新築区分マンション」の平均販売価格のグラフと同じように、22年間、成約価格単価の実績、成約件数共に右肩上がり、一貫して上昇していることが分かります。成約価格単価については、4年前の2020年から上昇率の上げ幅が加速化しています。「新築区分マンション」の販売価格の上昇が、周辺の「中古区分マンション」の割安感につながり、連動するようにして値上がりする、プラスのスパイラルアップサイクル現象になっています。市場は東京都心一極集中と言えそうです。

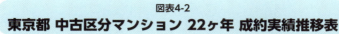

②当社が投資、所有している東京都内の区分マンションの上昇率

図表4－3は、私が経営する朝日不動産グループが東京都内で所有する区分マンションの分布マップです。

今から21年前の２００３年4月、代々木で記念すべき最初の物件を、私自身が個人で購入したことは、忘れもしません。

物件名は「パレステュディオ代々木Ⅱ」、明治神宮隣接の閑静な住宅エリアに位置します。新築で、販売価格は当時２１１８万円でした。その後、２０２４年8月末現在までの21年間で、33カ所に35室の区分マンションを購入し、現在も所有しています。飯田橋と芝浦の物件では、それぞれ1棟に2室所有しているケースもあります。

図表4－4から図表4－8は、弊社所有の33物件において、11年前の２０１４年度から２０２４年度までの「路線価」と、10年間の変動率を年度ごとに一覧表にしたものです。

そして、２０２４年度の「路線価」が、２０１４年度の「路線価」と比較して、何倍になったのか、倍率を計算して記載しています。物件の実勢価格と土地の「路線価」とは、かな

図表4-3

区分新築・中古所有 区分マンション 山手線内側・沿線 35件

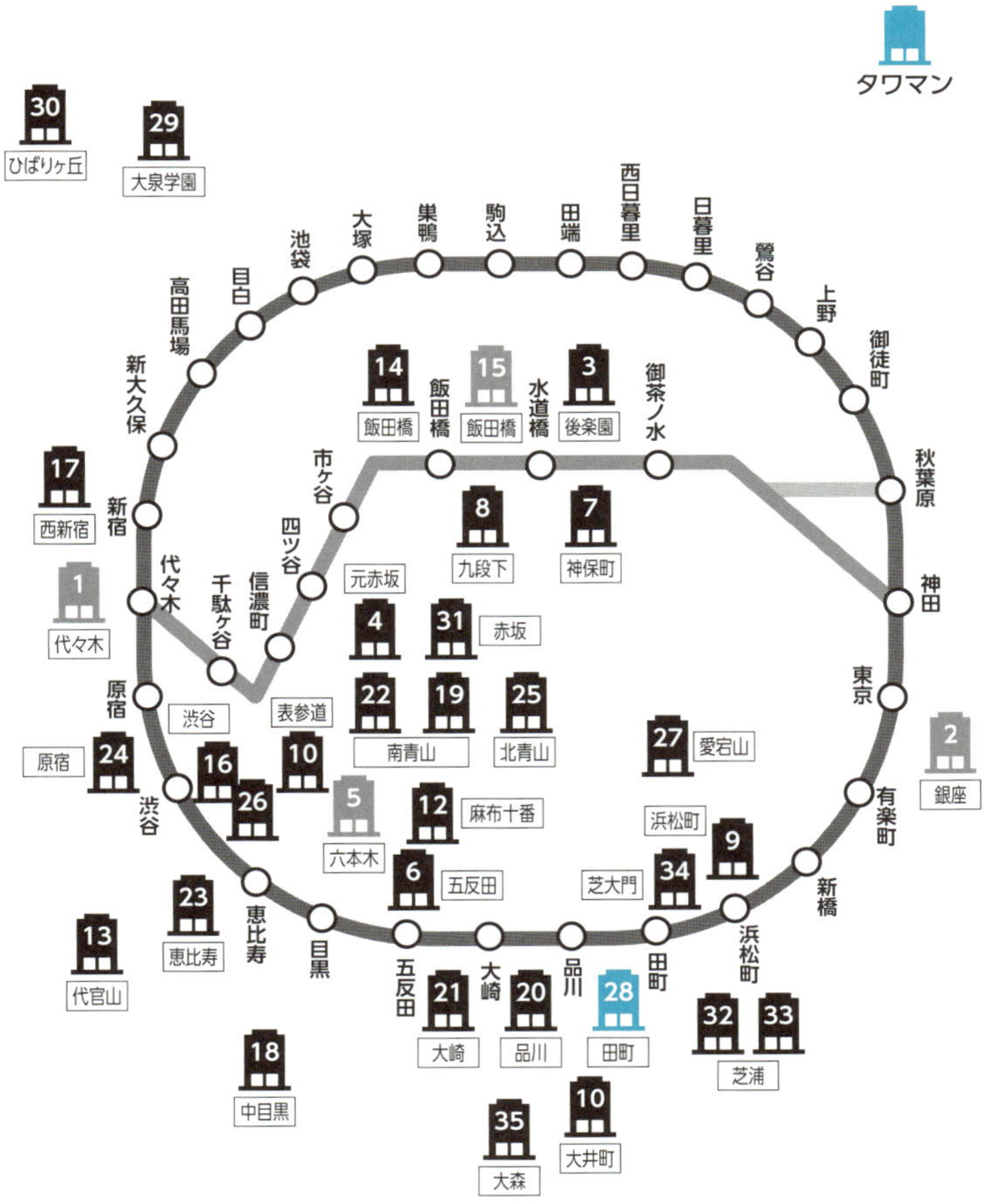

［2024年8月31日現在］

図表4-4

東京区分マンションの10年間路線価格と変動率 推移表 ①

		2014	2015	2016	2017	2018	2019
1	コープオリンピア（原宿）	7,450	8,070	9,220	10,995	12,770	14,120
			7.68%	12.47%	16.14%	13.90%	9.56%
2	ジュエル青山（青山）	5,930	6,200	6,980	7,765	8,550	9,010
			4.35%	11.17%	10.11%	9.18%	5.11%
3	ランジェ青山（青山）	5,370	5,810	6,440	6,955	7,470	7,960
			7.57%	9.78%	7.40%	6.89%	6.16%
4	フォンテ青山（青山	4,820	5,040	5,700	6,265	6,830	7,280
			4.37%	11.58%	9.02%	8.27%	6.18%
5	ダイアネス 渋谷（渋谷）	3,570	3,750	4,140	4,640	5,140	5,640
			4.80%	9.42%	10.78%	9.73%	8.87%
6	ラフィネ赤坂（赤坂）	3,580	3,740	4.060	4.395	4,730	5,020
			4.28%	7.88%	7.62%	7.08%	5.78%
7	サンパレス 新宿（西新宿）	2,830	2,970	3,130	3,365	3,600	3,870
			4.71%	5.11%	6.98%	6.53%	6.98%

		2020	2021	2022	2023	2024	10年上昇率
1	コープオリンピア（原宿）	15,330	15,310	15,330	15,600	16,330	2.19
		7.89%	-0.13%	0.13%	1.73%	4.47%	
2	ジュエル青山（青山）	9,690	9,700	9,690	9,810	10,170	1.72
		7.02%	0.10%	-0.10%	1.22%	3.54%	
3	ランジェ青山（青山）	8,370	8,300	8,230	8,470	8,790	1.64
		4.90%	-0.84%	-0.85%	2.83%	3.64%	
4	フォンテ青山（青山	7,870	7,880	7,880	8,030	8,280	1.72
		7.50%	0.13%	0.00%	1.87%	3.02%	
5	ダイアネス 渋谷（渋谷）	6,290	6,130	6,130	6,270	6,720	1.88
		10.33%	-2.61%	0.00%	2.23%	6.7%	
6	ラフィネ赤坂（赤坂）	5,320	5,290	5,280	5,410	5,730	1.60
		5.64%	-0.57%	-0.19%	2.40%	5.58%	
7	サンパレス 新宿（西新宿）	4,250	4,110	4,100	4,240	4,400	1.56
		8.94%	-3.41%	-0.24%	3.30%	3.64%	

単位：千円/㎡

図表4-5
東京区分マンションの10年間路線価格と変動率 推移表 ②

		2014	2015	2016	2017	2018	2019
8	オリエント赤坂（元赤坂）	2,380	2,380	2,590	2,700	2,820	3,000
			0.00%	8.11%	4.07%	4.26%	6.00%
9	ハイホーム高輪（品川）	1,890	2,040	2,190	2,355	2,520	2,740
			7.35%	6.85%	7.01%	6.55%	8.03%
10	ライオンズ愛宕山（愛宕山）	1,900	2,010	2,170	2,345	2,520	2,710
			5.47%	7.37%	7.46%	6.94%	7.01%
11	ハイツ芝大門（芝大門）	1,810	1,900	2,020	2,160	2,300	2,470
			4.74%	5.94%	6.48%	9.09%	6.88%
12	シャンポール恵比寿（恵比寿）	1,480	1,550	1,660	1,835	2,010	2,260
			4.52%	6.63%	9.54%	8.71%	11.06%
13	クオリア銀座（銀座）	1,500	1,590	1,770	1,920	2,100	2,340
			5.66%	10.17%	7.81%	8.57%	10.26%
14	六本木ビジネスＡ（六本木）	1,540	1,620	1,730	1,860	1,990	2,130
			4.94%	6.36%	6.99%	6.53%	6.57%

		2020	2021	2022	2023	2024	10年上昇率
8	オリエント赤坂（元赤坂）	3,250	3,230	3,260	3,340	3,560	1.50
		7.69%	-0.62%	0.92%	2.40%	6.18%	
9	ハイホーム高輪（品川）	3,060	3,060	3,060	3,210	3,430	1.82
		10.46%	0.00%	0.00%	4.67%	6.41%	
10	ライオンズ愛宕山（愛宕山）	2,950	2,920	2,910	3,040	3,290	1.73
		8.14%	-1.03%	-0.34%	4.28%	7.60%	
11	ハイツ芝大門（芝大門）	2,660	2,660	2,650	2,720	2,890	1.60
		7.14%	0.00%	-0.38%	2.57%	5.88%	
12	シャンポール恵比寿（恵比寿）	2,480	2,410	2,420	2,520	2,730	1.85
		8.87%	-2.90%	0.41%	3.97%	7.69%	
13	クオリア銀座（銀座）	2,610	2,540	2,500	2,570	2,710	1.81
		10.34%	-2.76%	-1.60%	2.72%	5.17%	
14	六本木ビジネスＡ（六本木）	2,460	2,430	2,440	2,520	2,670	1.73
		13.41%	-1.23%	0.41%	3.17%	5.62%	

単位：千円/㎡

図表4-6

東京区分マンションの10年間路線価格と変動率 推移表 ③

		2014	2015	2016	2017	2018	2019
15	ラフィネ麻布十番 （麻布）	1,670	1,750	1,860	1,950	2,050	2,190
			4.57%	5.91%	4.62%	4.88%	6.39%
16	パーフェクトルーム （代官山）	1,280	1,340	1,400	1,490	1,660	1,900
			4.48%	4.29%	6.04%	10.24%	12.63%
17	ヴァリエ後楽園 （後楽園）	1,300	1,300	1,410	1,540	1,640	1,770
			0.00%	7.80%	8.44%	6.10%	7.34%
18	ライオネス浜松町 （浜松町）	1,080	1,130	1,180	1,260	1,340	1,450
			4.42%	4.24%	6.35%	5.97%	7.59%
19	アルコープ青山 （青山）	1,270	1,310	1,400	1,480	1,560	1,650
			3.05%	6.63%	5.41%	5.13%	5.45%
20	グローリア初穂御殿場 （大崎）	650	670	1,400	1,435	1,470	1,520
			2.99%	52.14%	2.44%	2.38%	3.29%
21	ライオンズ西五反田Ⅱ （五反田）	1,150	1,150	1,260	1,330	1,420	1,530
			0.00%	8.73%	5.26%	6.34%	7.19%

		2020	2021	2022	2023	2024	10年上昇率
15	ラフィネ麻布十番 （麻布）	2,340	2,320	2,310	2,400	2,590	1.55
		6.41%	-0.86%	-0.43%	3.75%	7.34%	
16	パーフェクトルーム （代官山）	2,170	2,180	2,310	2,430	2,430	1.90
		12.44%	0.46%	5.63%	4.94%	0.00%	
17	ヴァリエ後楽園 （後楽園）	1,920	1,860	1,890	1,960	2,110	1.62
		7.81%	-3.23%	1.59%	3.57%	7.11%	
18	ライオネス浜松町 （浜松町）	1,700	1,690	1,680	1,770	1,940	1.80
		14.71%	-0.59%	-6.0%	5.08%	8.76%	
19	アルコープ青山 （青山）	1,760	1,710	1,700	1,750	1,890	1.49
		6.25%	-2.92%	-0.59%	2.86%	7.41%	
20	グローリア初穂御殿場 （大崎）	1,670	1,650	1,640	1,690	1,820	2.80
		8.98%	-1.21%	-0.61%	2.96%	7.14%	
21	ライオンズ西五反田Ⅱ （五反田）	1,650	1,620	1,620	1,690	1,810	1.57
		7.27%	-1.85%	0.00%	4.14%	6.63%	

単位：千円/㎡

図表4-7
東京区分マンションの10年間路線価格と変動率 推移表 ④

		2014	2015	2016	2017	2018	2019
22	ハイシティ表参道（表参道）	1,030	1,070	1,120	1,180	1,260	1,350
			3.74%	4.46%	5.08%	6.35%	6.67%
23	東京ベイビュー（田町）	950	990	1,040	1,085	1,130	1,230
			4.04%	4.81%	4.35%	3.98%	8.13%
24	キャピタルマークタワー（田町）	880	930	980	1,020	1,060	1,170
			5.38%	5.1%	3.92%	3.77%	9.40%
25	ダイアパレス飯田橋（飯田橋）	760	800	850	900	970	1,060
			5.00%	5.88%	5.56%	7.22%	8.49%
26	メゾン千代田（九段下）	650	650	740	800	870	960
			0.00%	12.16%	7.50%	8.05%	9.38%
27	パレスデュオ代々木Ⅱ（代々木）	830	830	850	870	900	940
			0.00%	2.35%	2.30%	3.33%	4.26%
28	目黒第一コーポ（中目黒）	640	670	720	760	800	860
			4.48%	6.94%	5.26%	5.00%	6.98%

		2020	2021	2022	2023	2024	10年上昇率
22	ハイシティ表参道（表参道）	1,440	1,430	1,460	1,520	1,630	1.58
		6.25%	-0.70%	2.05%	3.95%	6.75%	
23	東京ベイビュー（田町）	1,340	1,310	1,360	1,420	1,560	1.64
		8.21%	-2.29%	3.68%	4.23%	8.97%	
24	キャピタルマークタワー（田町）	1,280	1,240	1,300	1,350	1,490	1.69
		8.59%	-3.23%	4.62%	3.70%	9.40%	
25	ダイアパレス飯田橋（飯田橋）	1,180	1,130	1,120	1,140	1,270	1.67
		10.17%	-4.42%	-0.89%	1.75%	10.24%	
26	メゾン千代田（九段下）	1,070	1,040	1,030	1,070	1,180	1.82
		10.28%	-2.88%	-0.97%	3.74%	9.32%	
27	パレスデュオ代々木Ⅱ（代々木）	990	980	990	1,030	1,100	1.33
		5.05%	-1.02%	1.01%	3.88%	6.36%	
28	目黒第一コーポ（中目黒）	920	920	920	960	1,040	1.63
		6.52%	0.00%	0.00%	4.17%	7.69%	

単位：千円/㎡

図表4-8

東京区分マンションの10年間路線価格と変動率 推移表 ⑤

		2014	2015	2016	2017	2018	2019
29	ライオンズ九段第二（九段下）	660	660	740	760	800	860
			0.00%	10.81%	2.63%	5.00%	6.98%
30	日神パレステージ（大井町）	470	490	550	530	560	600
			4.08%	10.91%	-3.77%	5.36%	6.67%
31	ドルメンひばりヶ丘（ひばりヶ丘）	380	380	400	420	440	460
			0.00%	5.00%	4.76%	4.55%	4.35%
32	カーサ大森（平和島）	285	295	295	307.5	320	350
			3.39%	0.00%	4.07%	3.91%	8.57%
33	ウィンベルソロ（大泉学園）	275	280	280	287.5	295	300
			1.79%	0.00%	2.61%	2.54%	1.67%

		2020	2021	2022	2023	2024	10年上昇率
29	ライオンズ九段第二（九段下）	900	860	860	890	990	1.50
		4.44%	-4.65%	0.00%	3.37%	10.10%	
30	日神パレステージ（大井町）	640	630	640	660	710	1.51
		6.25%	-1.59%	1.56%	3.03%	7.04%	
31	ドルメンひばりヶ丘（ひばりヶ丘）	490	490	490	520	550	1.45
		6.12%	0.00%	0.00%	5.77%	5.45%	
32	カーサ大森（平和島）	370	370	370	380	400	1.40
		5.41%	0.00%	0.00%	2.63%	5.00%	
33	ウィンベルソロ（大泉学園）	310	310	310	320	330	1.20
		3.23%	0.00%	0.00%	3.13%	3.03%	

単位：千円/㎡

らずしも一致しませんが、本章でも特定の指標として「路線価」を選び、価値の変動を趨勢として捉えることにしてみます。

２０２１年と２０２２年に「路線価」の変動率がマイナスになっている物件が多く見られます。これは、新型コロナウイルス拡大に伴うものです。東京銀座の「路線価」のグラフ（図表３－８）に顕著に表れていましたが、今回取り上げた33物件の「路線価」でも、この現象は見られます。

一覧表では、11年間で「路線価」が一番上昇した区分マンションは、原宿駅徒歩２分、表参道の入り口に位置する「コープ オリンピア」で「２・１９倍」となっています。それに対して上昇率が一番低かったのは、最寄り駅が西部池袋線「大泉学園駅」で練馬区にある「ウィンベルソロ 大泉学園」の「１・２０倍」でした。

この「ウィンベルソロ 大泉学園」の購入目的は、弊社が経営している「アパマンショップ 大泉学園店」スタッフの社宅用です。値上がり期待、キャピタルゲイン狙いの投資目的ではないことは、参考までに申し添えておきます。

図表4-9
東京区分マンションの路線価 価格帯と11年上昇倍率

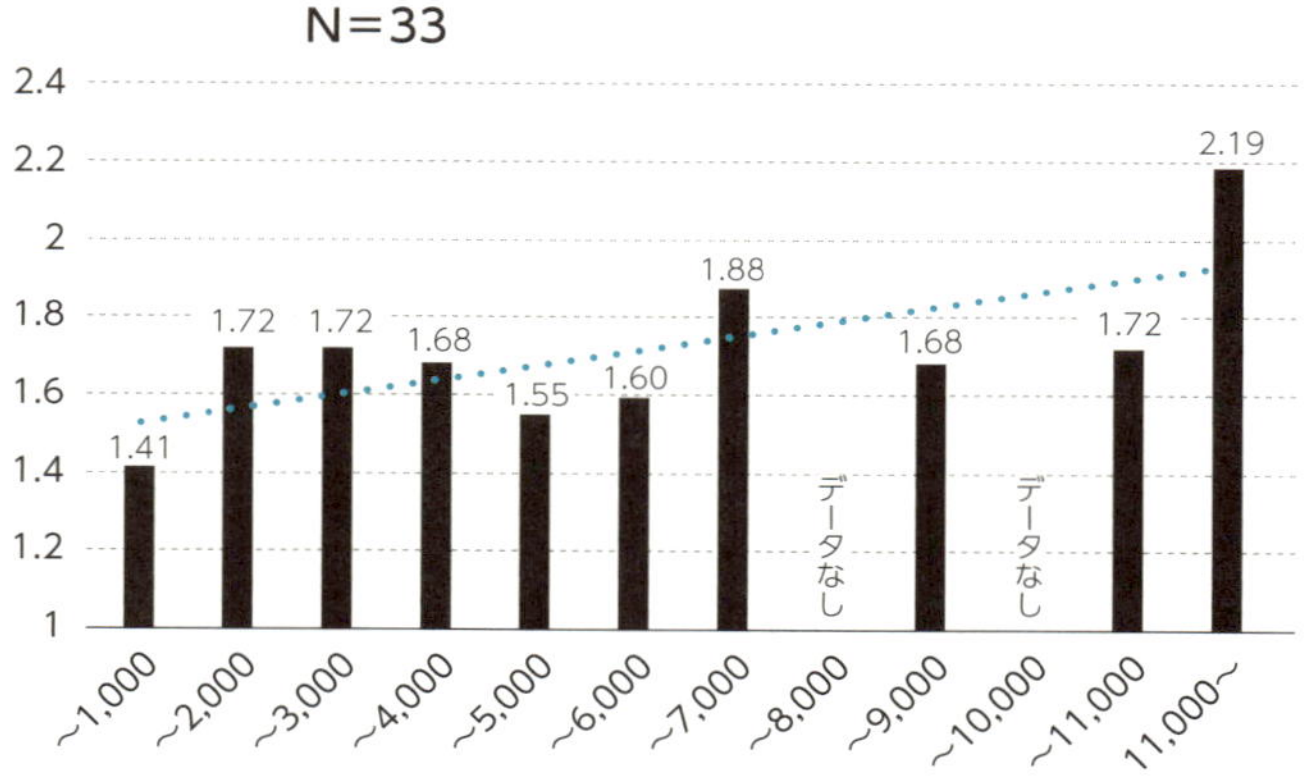

このように、弊社所有の33カ所の区分マンションの「路線価」の上昇幅にも、大きな違いがあることが分かりました。

図表4－9は、33物件を路線価の価格帯（＠１００万円／㎡）ごとに、11年間の上昇倍率の平均をグラフ化したものです。

このグラフによれば、路線価＠１１００万円／㎡以上の平均倍率が「２・１９倍」が最高値、＠１００万円／㎡未満が、平均倍率「１・４１倍」と最小値となりました。

グラフに入れた近似直線では、右上がりの直線となり、11年間の上昇を狙うのであれば「路線価」が高いエリアを選ぶと有利ということが分かります。

「路線価」の高いエリアでは、当然に、物件価格が高額になります。したがって、１件の物件価格が高額の投資にはなりますが、低価格の物件を複数購入するよりは、物件そのものの値上がり益を狙うのであれば効果的です。

③リスクとリターンとの関係

さて本書では、単純に収益性だけの視点で投資判断をするのではなく、リスクも考慮すべきとの考えを説明してきました。ハイリターンには、ハイリスクが伴います。そこで、この章でも、弊社の33物件における10年間のリターン（変動率：m）と、リスク（標準編差：σ）の計算をしてみましょう。

図表４−10、図表４−11に、33物件のリスクとリターンの平均値を一覧表で示しました。この一覧表を見ると、リスク（標準偏差：σ）の最大値は「コープ オリンピア」の「５・47」、最小値は、「ウィンベルソロ 大泉学園」の「１・28」でした。

図表4-10

東京区分マンションの10年間 路線価のリスクとリターン（収益率）①

	物件名	リスク	リターン	10年
1	コープ オリンピア（原宿）	5.47	7.38	2.19
2	ジュエル 青山（青山）	3.90	5.17	1.72
3	ランジェ青山（青山）	3.38	4.75	1.64
4	フォンテ 青山（青山）	3.74	5.19	1.72
5	ダイアネス 渋谷（渋谷）	4.49	6.03	1.88
6	ラフィネ 赤坂（赤坂）	2.90	4.55	1.60
7	サンパレス 新宿（西新宿）	3.51	4.25	1.56
8	オリエント 赤坂（元赤坂）	2.98	3.90	1.50
9	ハイホーム 高輪（品川）	3.18	5.73	1.82
10	ライオンズ 愛宕山（愛宕山）	3.18	5.29	1.73
11	ハイツ 芝大門（芝大門）	2.66	4.53	1.60
12	シャンポール 恵比寿（恵比寿）	4.17	5.85	1.85
13	クオリア 銀座（銀座）	4.57	5.63	1.81
14	六本木 ビジネスA（六本木）	3.79	5.26	1.73
15	ラフィネ 麻布十番（麻布）	2.65	4.26	1.55
16	パーフェクトルーム（代官山）	4.20	6.12	1.90
17	ヴァリエ 後楽園（後楽園）	3.79	4.65	1.62
18	ライオネス 浜松町（浜松町）	4.22	5.59	1.80
19	アルコープ 青山（青山）	3.14	3.85	1.49
20	グローリア 初穂御殿場（大崎）	－	8.05	2.80
21	ﾗｲｵﾝｽﾞ 西五反田Ⅱ（五反田）	3.49	4.37	1.57
22	ハイシティ 表参道（表参道）	2.25	4.46	1.58
23	東京 ベイビュー（田町）	3.05	4.78	1.64
24	キャピタルマークタワー（田町）	3.52	5.07	1.69
25	ダイアパレス　飯田橋　（飯田橋）	4.54	4.90	1.67
26	メゾン 千代田（九段下）	5.03	5.66	1.82
27	パレスデュオ 代々木Ⅱ（代々木）	2.18	2.75	1.33
28	目黒第一 コーポ（中目黒）	2.60	4.70	1.63

図表4-11

東京区分マンションの10年間
路線価のリスクとリターン(収益率) ②

	物件名	リスク	リターン	10年
29	ライオンズ 九段第二（九段下）	4.50	3.87	1.50
30	日神 パレステージ（大井町）	4.12	3.95	1.51
31	ドルメンひばりヶ丘（ひばりヶ丘）	2.41	3.60	1.45
32	カーサ 大森（平和島）	2.63	3.60	1.40
33	ウィン ベルソロ（大泉学園）	1.28	1.80	1.20

リターン（収益率：m）の最大値は、同じく「コープ オリンピア」の「7・38」です。なお、一覧表では、「グローリア 初穂御殿場」が「8・05」となっていますが、大崎における再開発事業エリアによる地価の高騰という特殊事情によるものであり、異常値としてデータ分析では除外しました。最小値は、同じく「ウィンベルソロ 大泉学園」の「1・80」です。

図表4－12に、「路線価」とリスク（標準偏差：σ）の関係をグラフにしました。近似直線を描くと、関数が「y＝0・0001x＋3・12（x：千円単位）」となります。「路線価」が100万円アップすると、リス

図表4-12　東京区分マンションの路線価とリスク（σ）関係

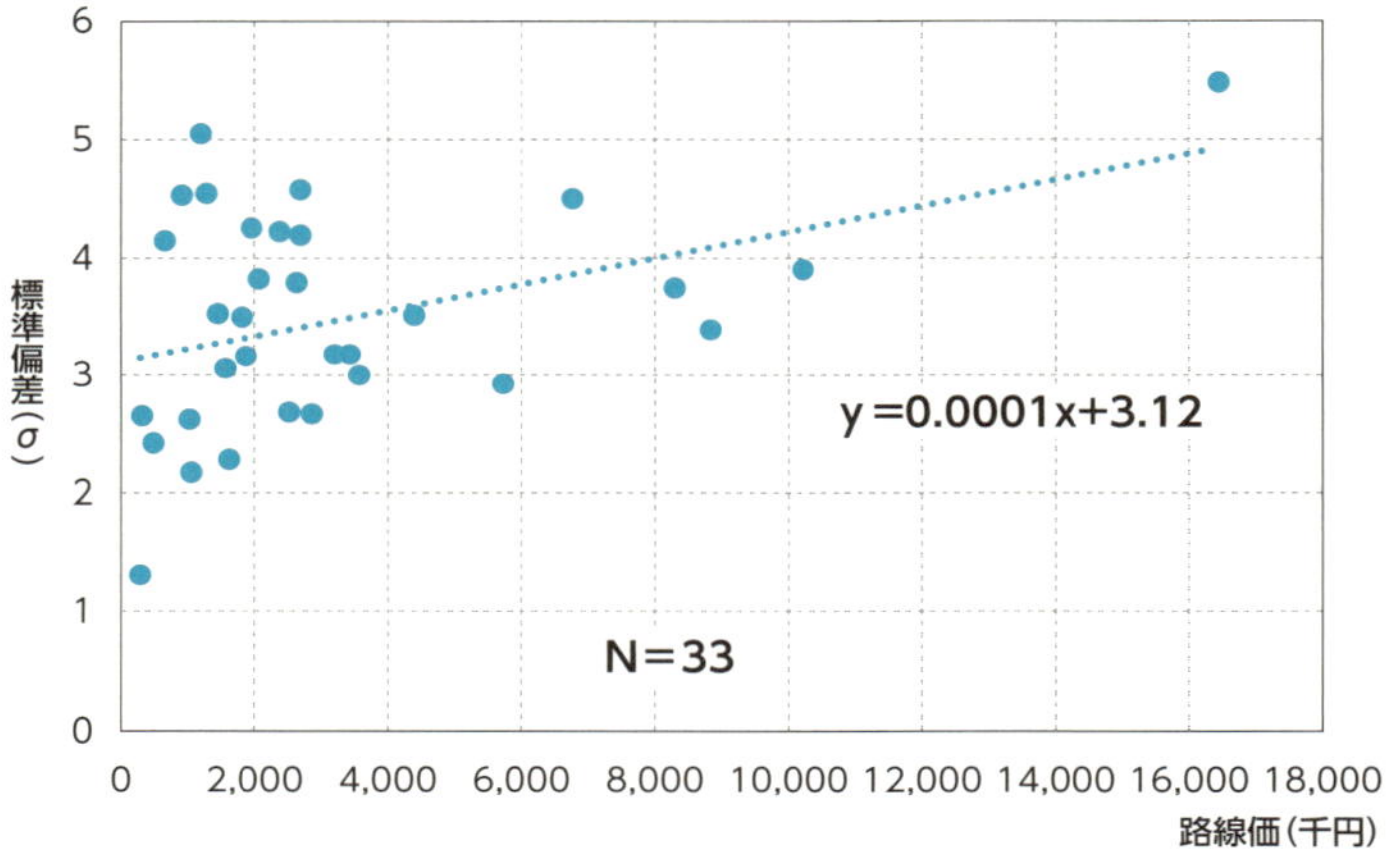

ク（標準偏差：σ）が0・1%増加します。「路線価」が高い物件ほど、リスク（標準偏差：σ）は高くなります。

図表4－13は、「路線価」とリターン（収益率：m）の関係のグラフです。近似直線を描くと、関数は「y＝0・0002x＋4・30（x：千円単位）」となります。路線価が100万円アップすると、リターン（収益率：m）が0・2%増加します。路線価が高い物件ほど、リターン（収益率：m）が高くなります。

そして、最後が、リスク（標準偏差：σ）とリターン（収益率：m）の関係で、グラ

図表4-13 **東京区分マンションの路線価とリターン(m)の関係**

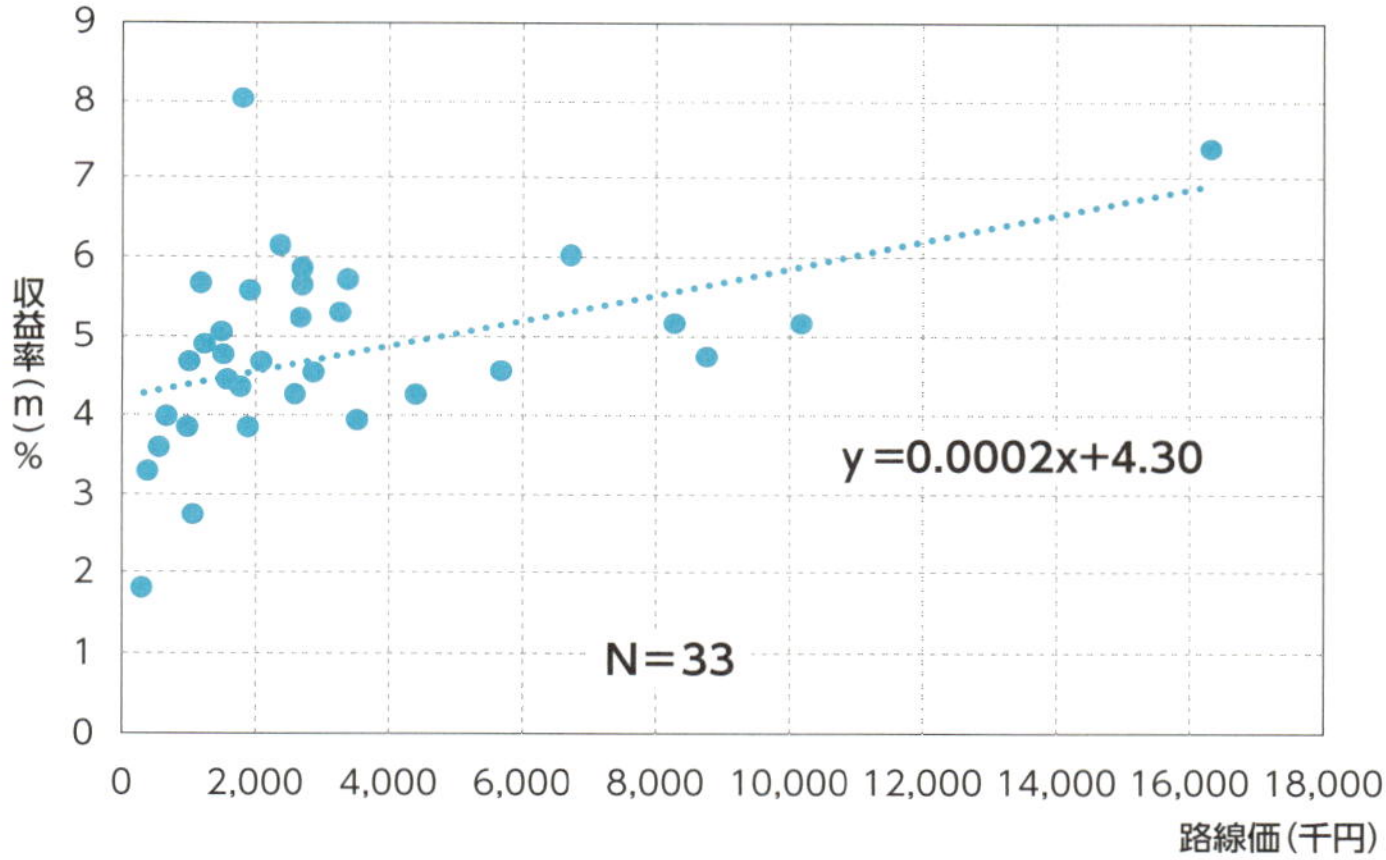

図表4-14
東京区分マンションのリスク(σ)とリターン(m)の関係

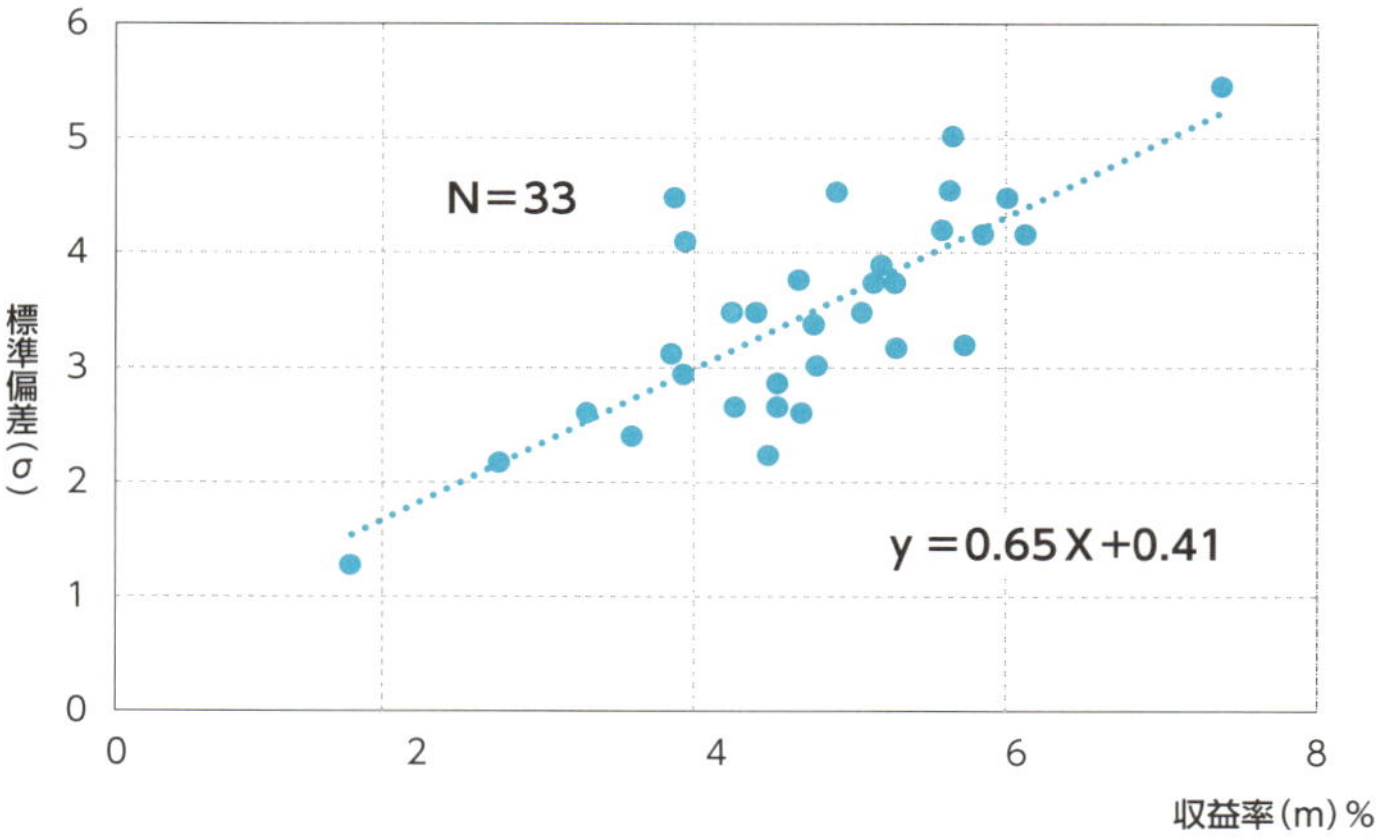

フにしたのが図表4－14です。近似直線を描くと、関数は「y＝0・65x＋0・41」となりました。リターン（収益率：m）が1％上がると、リスク（標準偏差：σ）が0・65％増加します。リスク（標準偏差：σ）とリターン（収益率：m）の関係は、法則通りとなっています。

④「富山×東京」二刀流――東京ではどこの物件を狙うべきか

値上がり益（キャピタルゲイン）を得て、純資産を増やすには、原則「路線価」の高い物件を選ぶことで、所有の不動産価値が上昇し、効果的に「純資産」が増やせるということが明らかになりました。

「路線価」が高いエリアを狙うということであれば、住宅街よりは、商業地になります。再開発などの大規模開発で、地域が発展しているエリアであれば、なお顕著です。

マクロ的には、東京23区内であれば、東京都心3区と言われる、港区、千代田区、中央区です。さらに広げて東京都心6区の、3区に加えて、渋谷区、新宿区、文京区です。私が名付けました「黄金不動産」、資産価値の高いエリアでの投資が、東京で投資を行う神髄です。

【コーヒーブレイクⅢ】「Ｐｌａｃｅ（立地）」

〈マーケティングの「４Ｐ」とは〉

マーケティング理論でプロジェクトを成功に導く重要な戦略に「４Ｐ」があります。

①Ｐｌａｃｅ（流通戦略）：商品・サービスをどのエリア、市場で展開するか？
②Ｐｒｉｃｅ（価格戦略）：お客さまが喜んで支払ってくれる価格（ｗｉｌｌｉｎｇｎｅｓｓ ｔｏ ｐａｙ）をどう設定するか？
③Ｐｒｏｄｕｃｔ（商品戦略）：お客さまのニーズにあった商品をどう企画・開発するか？
④Ｐｒｏｍｏｔｉｏｎ（販売促進戦略）：商品・サービスの良さをお客さまにどう伝えるか？

これを、不動産投資、賃貸アパート・マンション経営に当てはめるとこうなります。

⑤Ｐｌａｃｅ（立地戦略）：高い入居率を、長期的に安定して確保できる立地の選定
⑥Ｐｒｉｃｅ（家賃戦略）：お客さまが喜んで支払ってくれる家賃（ｗｉｌｌｉｎｇｎｅｓｓ ｔｏ ｐａｙ）の企画・設定
⑦Ｐｒｏｄｕｃｔ（お部屋戦略）：お客さまのニーズに合ったお部屋の企画・開発
⑧Ｐｒｏｍｏｔｉｏｎ（広告戦略）：ブランディング、集客のための営業活動

〈最重要戦略は「Ｐｌａｃｅ（立地戦略）」〉

上記の「４Ｐ」の中で、不動産投資、賃貸アパート・マンション経営で一番重要な戦略は、「Ｐｌａｃｅ」立地戦略です。

賃貸アパート・マンションの立地で、事業の成否が決まります。ターゲットとなる入居者が想定できることが絶対条件になります。ターゲットとなる入居者がいない場合には、Ｐｒｏｄｕｃｔ（お部屋戦略）、Ｐｒｏｍｏｔｉｏｎ（広告戦略）の効果がありません。

唯一可能性があるとすれば、Ｐｒｉｃｅ（家賃戦略）で、極端に家賃を下げて、入居者を呼び込むことになります。立地戦略を誤ると、手の打ちようがありません。抜本的には、

図表C-3 **マーケティング「4P」（賃貸住宅経営「4P」）**

1. Place：立地戦略
2. Price：家賃戦略
3. Product：お部屋戦略
4. Promotion：広告戦略

資産の組み替え、損失を出しての売却、そして、入居者ニーズのあるエリアで取得、再スタートとなります。

競合のライバル物件との比較で競争力のある立地、マクロでは人口の増加が長期に渡って見込めるエリアを選定することが重要です。投資利回りを意識し過ぎると、判断を誤ります。不動産投資はあくまで長期的な投資です。繰り返しになりますが、最重要戦略が「立地戦略」であることを肝に銘じてください。

第5章

実例で見る東京×富山の二刀流投資「セットプラン」

本章ではいよいよ、実例を基に、これまでの理論の検証をしていきます。

要点は、東京と富山の新築アパートを同時に購入した場合の、家賃収入と値上がり益による収益とリスクの関係を、それぞれ個別の数値と比較します。期待したい数値結果は、収益が下がらずに、リスクが下がることです。

①東京・青砥の事業計画

図表５－１は、東京の葛飾区青砥（あおと）で計画している新築アパートの外観パースです。

京成電鉄「青砥駅」徒歩９分という好立地、閑静な住宅街に位置します。「青砥駅」は、押上線の終点駅であり、さらには、本線京成上野方面と、都営地下鉄浅草線・京急線から乗り入れとなっており、交通の便にとても恵まれています。

図表５－２は事業計画の概要です。

図表5-1　東京・青砥　新築アパート外観

図表5-2　東京・青砥　事業概要

所在地：東京都葛飾区青戸６丁目

【土　地】
地　積：132.55㎡（40.10坪）
建蔽率：60%　容積率：200%

【建　物】
種類構造：木造三階建共同住宅
１階：56.41㎡　２階：56.41㎡　３階：56.41㎡
延床面積：169.23㎡　（51.19坪）

【販売価格】　￥134,007,000－（税込み）
表面利回り：5.8%
ネット利回り：4.6%（運営比率20%）

図表5-3 東京・青砥　賃貸条件

階数	番号	床面積(㎡)	家 賃(円)	共益費(円)	合計(円)
1階	101	18.89	67,000	3,000	70,000
	102	18.10	66,000	3,000	69,000
	103	19.42	68,000	3,000	71,000
2階	101	18.89	69,000	3,000	72,000
	102	18.10	68,000	3,000	71,000
	103	19.42	70,000	3,000	73,000
3階	101	18.89	71,000	3,000	74,000
	102	18.10	70,000	3,000	73,000
	103	19.42	72,000	3,000	75,000
合計			621,000	27,000	648,000

土地の地積132・55㎡（40・10坪）、建物木造三階建、延べ床面積169・23㎡（51・19坪）です。販売価格が1億3400万円。表面利回り5・8％、運営比率20％と想定すると、ネット利回り（NOI）4・6％の物件です。

図表5－3は、想定家賃の明細です。

家賃等1戸当たり69000円～75000円までの設定で、総合計家賃は、月間648000円、年間で777万6千円の収入になります。

図5－4は1階、図5－5は2・3階の平面図です。

図表5-4　**東京・青砥　1階平面図**

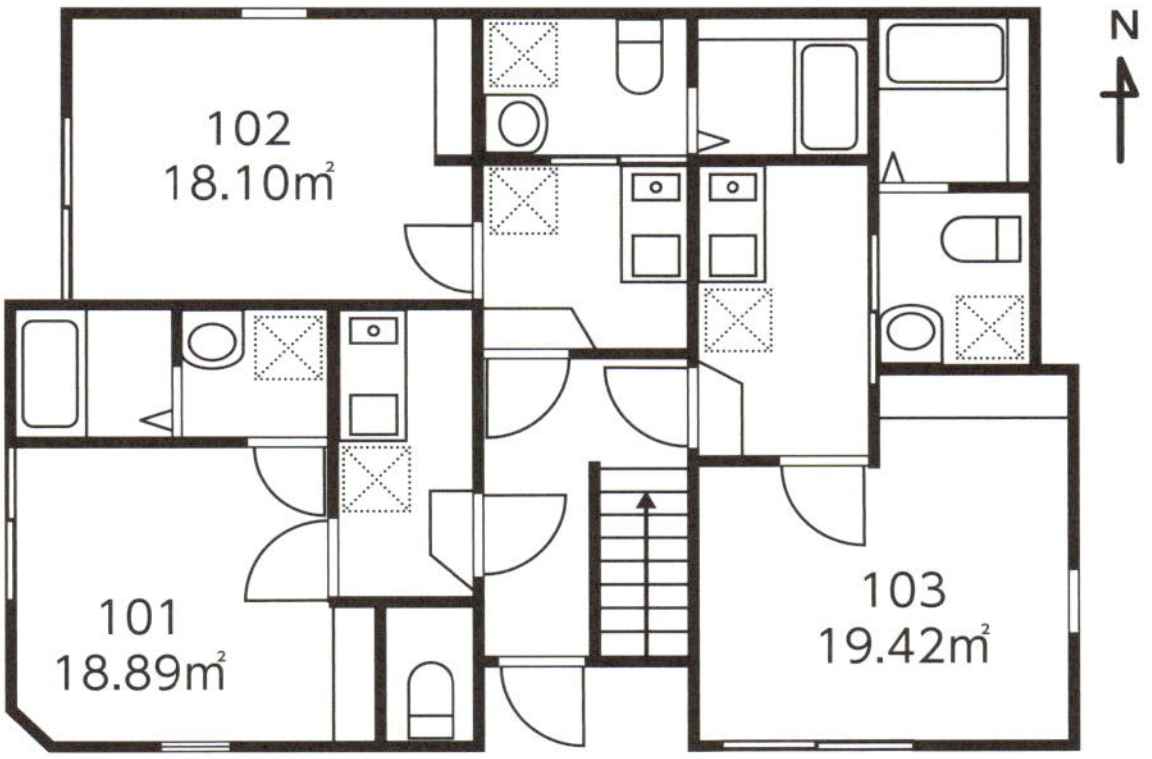

図表5-5　**東京・青砥　2・3階平面図**

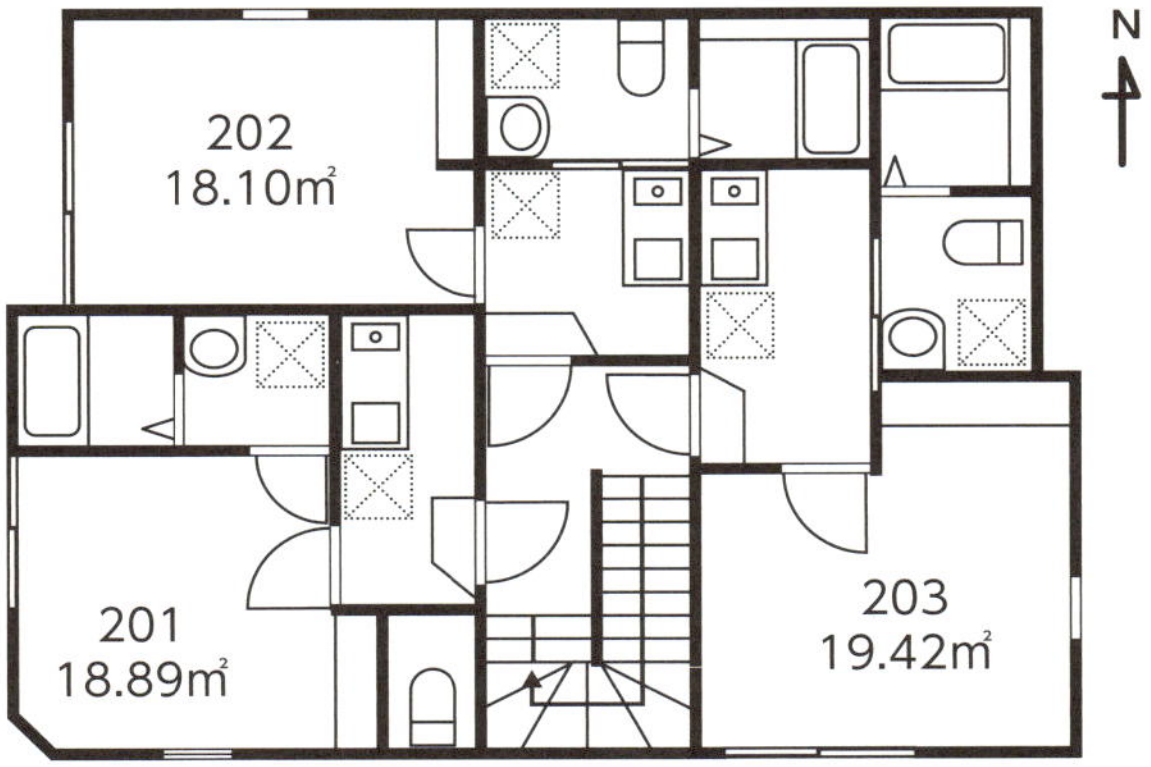

プランは、1戸当たり18・1㎡～19・42㎡のワンルームで、1フロアー当たり3戸、3階建ての総戸数9戸です。弊社の新築アパートの企画では、東京都内23区内のワンルームマンションといえども、1戸当たりの床面積は18㎡以上、お風呂とトイレは分離型を標準としています。入居者のニーズや、長期的に安定した入居者の確保のため、絶対的に譲れない条件としています。

②富山・寺町の事業計画

続いて、富山市寺町の事業計画です。図表5－6が外観パースです。

入居者のターゲットは、国立富山大学の学生さんです。富山大学の西門から徒歩8分の好立地。さらに言えば、富山大学工学部の学生さんにとって、より便利な立地となっています。ターゲットがはっきりしている中で、ライバルである他のアパートと立地に競争力があるので、長期に渡って安定した入居が期待できます。

図表5-6　富山・寺町　新築アパート外観

図表5-7　富山・寺町　事業概要

所在地：富山県富山市寺町

【土　地】
地　積：232.52㎡（70.33坪）
建蔽率：60％　容積率：200％

【建　物】
種類構造：木造二階建共同住宅
１階：125.45㎡　２階：125.45㎡
延床面積：250.90㎡（75.90坪）

【販売価格】　￥62,784,000.－（税込み）
表面利回り：7.5％
ネット利回り：6.0 ％（運営比率20％）

図表5-8 富山・寺町　賃貸条件

階数	番号	床面積（㎡）	家 賃（円）	共益費（円）	駐車料（円）	合計（円）
1階	101	34.98	56,000	4,000	0	60,000
	102	36.74	57,000	4,000	0	61,000
	103	41.40	59,000	4,000	4,400	67,400
2階	101	34.98	59,000	4,000	4,400	67,400
	102	36.74	60,000	4,000	3,300	67,300
	103	41.40	62,000	4,000	3,300	69,300
合計			353,000	24,000	15,400	392,400

図表5－7は事業計画の概要です。

土地の地積232・52㎡（70・33坪）、建物木造2階建、延べ床面積250・90㎡（75・90坪）です。販売価格が6278万4千円。表面利回り7・5％、運営比率20％と想定すると、ネット利回り（NOI）6・0％の物件です。

図表5－8は、想定家賃の明細です。

家賃等1戸当たり60000円～69300円までの設定で、総合計家賃は、月間392400円、年間で470万8800円の収入になります。

図表5－9は1階の、図表5－10は2階の

平面図です。

プランは、１戸当たり34・９８㎡～41・４０㎡の１ＬＤＫタイプ。フロアー当たり３戸、２階建ての総戸数６戸です。富山の１戸当たりの床面積は、東京の約２倍、家賃も東京に比較して低いです。

図表5-9　富山・寺町　1階　平面図・配置図

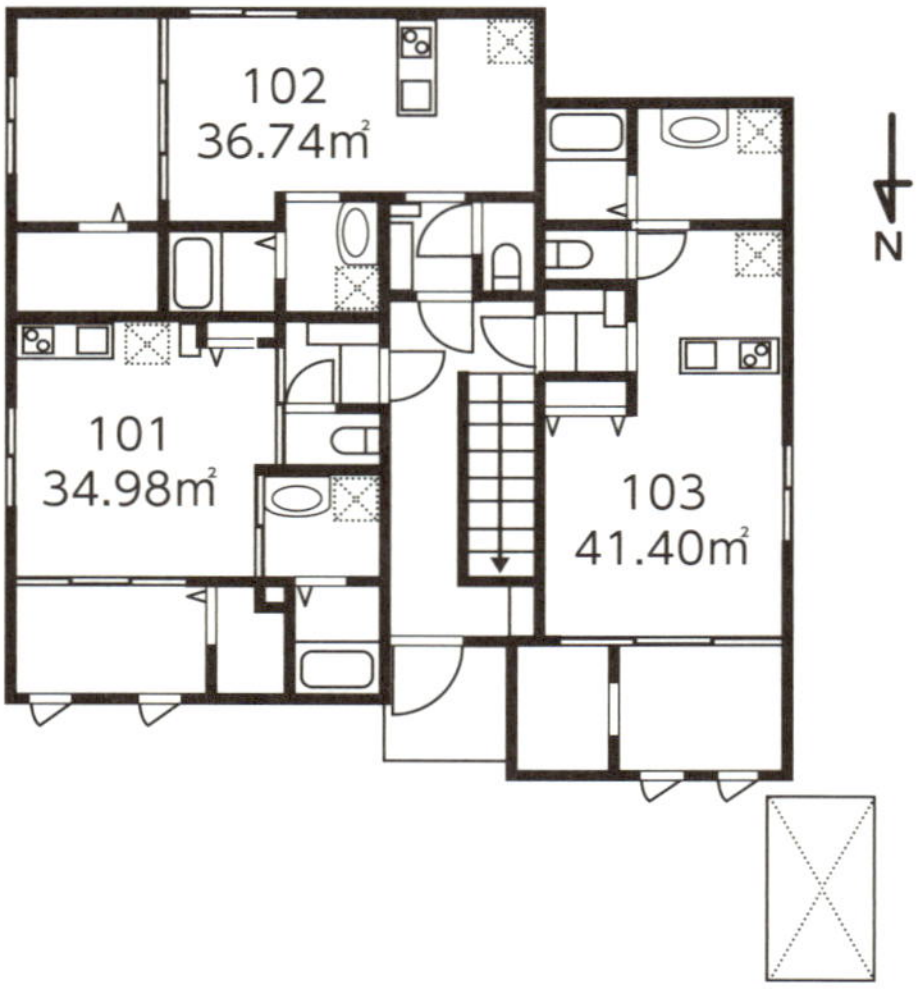

図表5-10　富山・寺町　2階　平面図

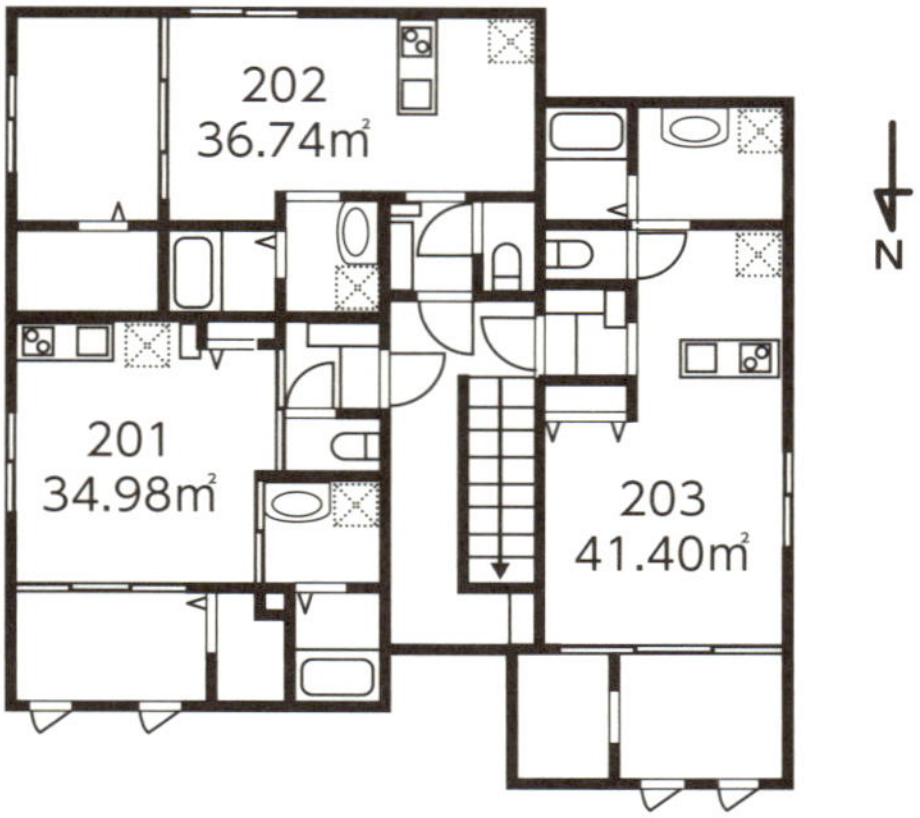

③東京・青砥の収益とリスクとの関係

次に東京・青砥の路線価の19年間の推移を見てみましょう。図５－11がその推移をグラフにしたものです。

東京23区内の閑静な住宅地ということもあり、２００６年の20万円から、２０２４年の25万円まで、ゆるやかな値上がりとなっています。２００９年～２０１０年はリーマン・ショック、２０２１年はコロナ禍と、２回の値下がりをしています。

19年間の路線価について、各年の路線価収益率：Ｒと変動幅である標準偏差（リスク）：σを計算したのが図表５－12です。

18年間の路線価収益率の平均：Ｅは１・１９、標準偏差（リスク）：σは２・７３と求められました。

図表5-11 東京 青砥 路線価 19年間 推移

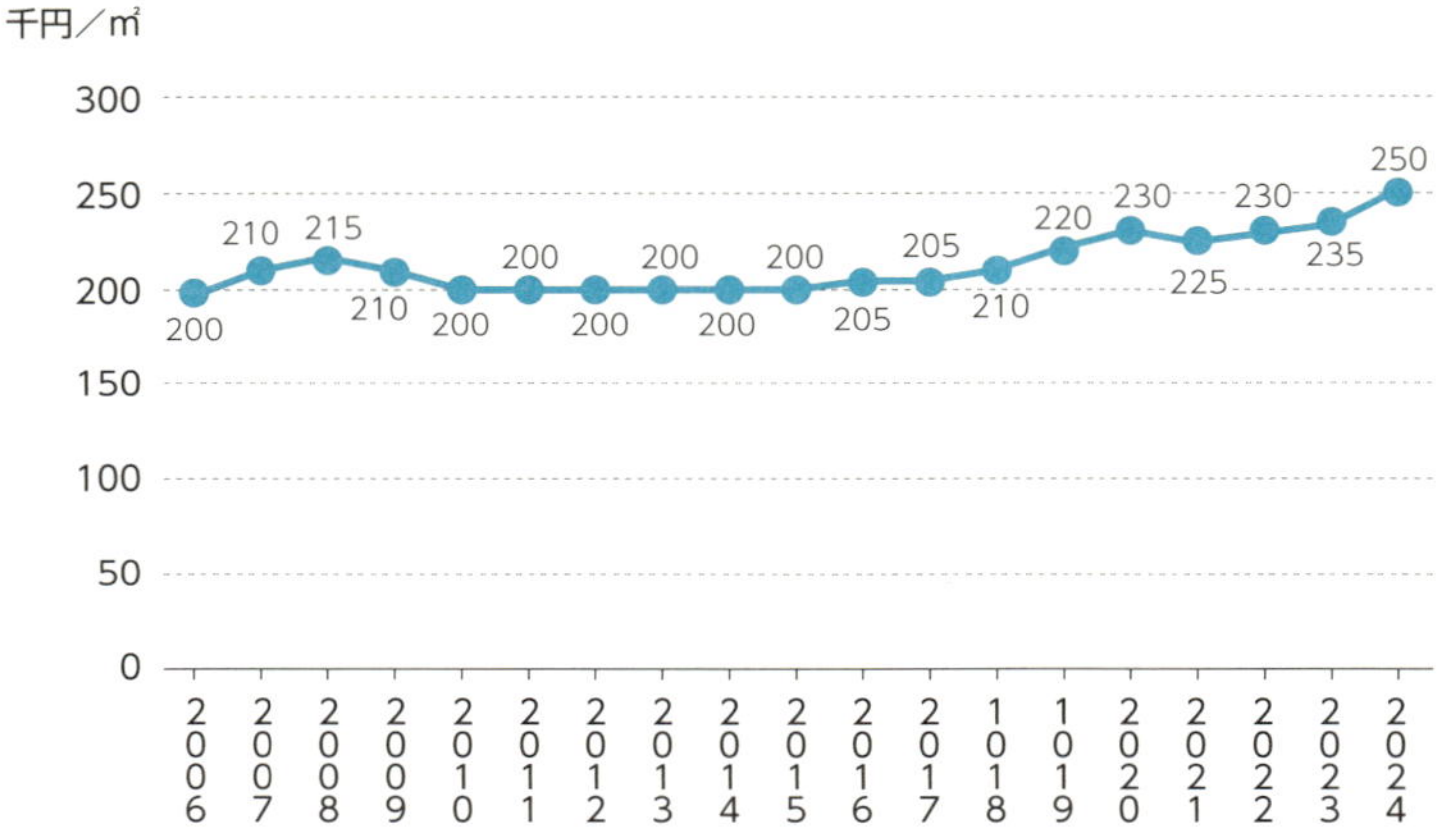

図表5-12

東京・青砥の路線価 18ヶ年と標準偏差（リスク）：σの計算

千円／㎡

年代	路線価	R	R－E	(R－E) 2乗
2006	200			
2007	210	4.76	3.57	12.76
2008	215	2.33	1.14	1.29
2009	210	-2.38	-3.57	12.75
2010	200	-5.00	-6.19	38.32
2011	200	0.00	-1.19	1.42
2012	200	0.00	-1.19	1.42
2013	200	0.00	-1.19	1.42
2014	200	0.00	-1.19	1.42
2015	200	0.00	-1.19	1.42
2016	205	2.44	1.25	1.56
2017	205	0.00	-1.19	1.42
2018	210	2.38	1.19	1.42
2019	220	4.55	3.36	11.26
2020	230	4.35	3.16	9.97
2021	225	-2.22	-3.41	11.64
2022	230	2.17	0.98	0.97
2023	235	2.13	0.94	0.88
2024	250	6.00	4.81	23.14

合計　25.50　　合計　134.45

① 路線価収益率平均（E）⇒ 1.19

② Σ (R－E) 2乗／31 ⇒ 7.47

③ 標準偏差 σ ⇒ $\sqrt{7.47}$ ⇒ 2.73

④富山・寺町の収益とリスクとの関係

同じように富山・寺町の路線価について19年間の推移を見てみましょう。図表5－13がその推移をグラフにしたものです。

富山大学の学生さんが住む町、寺町ですが、地方都市の宿命で、2006年の3万3千円が2024年では2万9千万円と、値下がりしています。値下がりは2012年まで6年間で止まり、2012年以降は横ばいとなっています。

19年間の路線価に関し、各年の路線価収益率：Rと変動幅である標準偏差（リスク）：σを計算したのが図表5－14です。

18年間の路線価収益率の平均：Eは△0・74、標準偏差（リスク）：σは1・77と求められました。

図表5-13　富山 寺町 路線価 19年間 推移

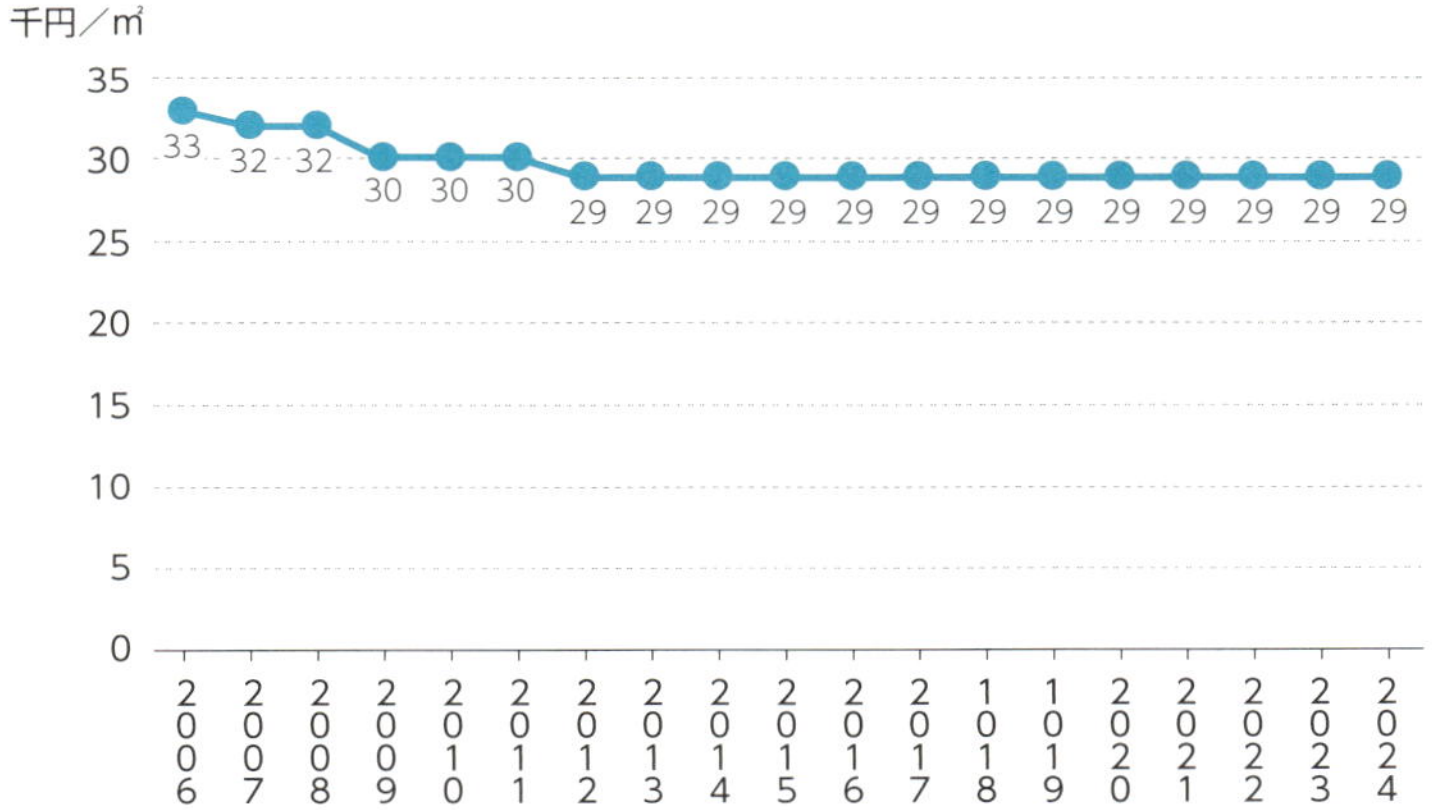

図表5-14

富山・寺町の路線価18ヶ年と標準偏差（リスク）：σ の計算

千円／㎡

年代	路線価	R	R－E	(R－E) 2乗
2006	33			
2007	32	-3.13	-2.39	5.69
2008	32	0.00	0.74	0.55
2009	30	-6.67	-5.93	35.13
2010	30	0.00	0.74	0.55
2011	30	0.00	0.74	0.55
2012	29	-3.45	-2.71	7.33
2013	29	0.00	0.74	0.55
2014	29	0.00	0.74	0.55
2015	29	0.00	0.74	0.55
2016	29	0.00	0.74	0.55
2017	29	0.00	0.74	0.55
2018	29	0.00	0.74	0.55
2019	29	0.00	0.74	0.55
2020	29	0.00	0.74	0.55
2021	29	0.00	0.74	0.55
2022	29	0.00	0.74	0.55
2023	29	0.00	0.74	0.55
2024	29	0.00	0.74	0.55
		合計	－13.24	合計　56.36

① 路線価収益率平均（E）⇒ －0.74

② Σ (R－E) 2乗／18 ⇒ 3.13

③ 標準偏差 σ ⇒ $\sqrt{3.13}$ ⇒ 1.77

⑤東京・青砥と富山・寺町の収益とリスクの特徴

これまで申し上げてきました通り、東京・青砥では路線価は値上がりし、収益率：Ｅはプラス、富山・寺町では路線価が値下がり、収益率：Ｅはマイナスと、首都圏と地方の特徴をそのまま表しています。

次に、リスクの指標となる標準偏差：σは、東京・青砥が２・７３、富山・寺町が１・７７と、東京・青砥が富山・寺町と比較して高い、リスクが高いことが数値で見て取れます。このことも、首都圏と地方都市の特徴を表しています。

⑥東京・青砥と富山・寺町の相関関係

さて次に、東京・青砥と富山・寺町の最適なポートフォリオを求めるために、東京・青砥と富山・寺町の相関関係を見ていきます。

相関関係は、相関係数：ｒで数値化、評価できました。改めて説明すると、相関係数：ｒは、△１＜ｒ＜１の範囲にあり、△１に近いほど、負の相関関係（より真逆の動き）を

図表5-15
東京・青砥と富山・寺町の共分散、相関係数の計算

	東京 青砥		富山 寺町		東京(R-E)×富山(R-E)
年代	R	R−E	R	R−E	
2007	4.76	3.57	-3.13	-2.39	-8.52
2008	2.33	1.14	0.00	0.74	0.84
2009	-2.38	-3.57	-6.67	-5.93	21.16
2010	-5.00	-6.19	0.00	0.74	-4.58
2011	0.00	-1.19	0.00	0.74	-0.88
2012	0.00	-1.19	-3.45	-2.71	3.22
2013	0.00	-1.19	0.00	0.74	-0.88
2014	0.00	-1.19	0.00	0.74	-0.88
2015	0.00	-1.19	0.00	0.74	-0.88
2016	2.44	1.25	0.00	0.74	0.92
2017	0.00	-1.19	0.00	0.74	-0.88
2018	2.38	1.19	0.00	0.74	0.88
2019	4.55	3.36	0.00	0.74	2.48
2020	4.35	3.16	0.00	0.74	2.34
2021	-2.22	-3.41	0.00	0.74	-2.53
2022	2.17	0.98	0.00	0.74	0.73
2023	2.13	0.94	0.00	0.74	0.69
2024	6.00	4.81	0.00	0.74	3.56

合計　16.81

東京銀座・富山桜町の共分散＝16.81／18 ⇒ 0.93

図表5-16　東京・青砥と富山・寺町の相関係数の計算

$$\frac{\text{相関係数}}{\text{r}} = \frac{\text{東京・青砥と富山・寺町の共分散}}{\text{東京・青砥の標準偏差×富山・寺町の標準偏差}}$$

$$= \frac{0.93}{2.73 \times 1.77}$$

$$= 0.19\text{（正の相関係数）}$$

示し、＋１に近いほど、正の相関関係（全く同じ動き）となることを意味します。

東京・青砥と富山・寺町の相関係数を求めるための計算の手順を図表５－15と図表５－16に示しました。

相関係数：ｒを計算するためには、まずは、東京・青砥と富山・寺町の共分散を求めなければなりません。図表５－15が、その共分散を計算するための手順を示した表です。

この表から、東京・青砥と富山・寺町の共分散の値が、０・９３と求められました。

次に、この共分散の値、０・９３を図表５－16の計算式に代入し、相関係数：ｒを計算すると、相関係数：rが0・19と求められました。
プラスの数値になったので、東京・青砥と富山・寺町は、正の相関関係であることが分かります。ただし0・19は、1よりも0に近いことから、正の相関関係ではあっても、同じ動きの度合いは少ないということを意味します。

⑦東京・青砥と富山・寺町のポートフォリオ、効率的フロンティアエリアを見つける

図表5－17は、前節で算出した相関係数：rを利用して①～⑪までのポートフォリオを見たものです。東京・青砥100％と富山・寺町0％（①のケース）から10％刻みで東京・青砥を減らし、代わりに富山・寺町を増やすことによる収益率：mと、リスクである標準偏差：σを求める計算手順を表にしたものです。

この計算によって、求められた収益率：mと標準偏差（リスク）：σのみを抜き出し、整理した一覧表が図表5－18で、その数値をグラフ化したのが図表5－19です。

図表5-17

東京・青砥と富山・寺町のポートフォリオごとの路線価収益率：m と標準偏差(リスク)：σ の計算

No.	東京・青砥	富山・寺町	m	Z	σ：√(Z)
①	100%	0%	1.19	7.45	2.73
②	90%	10%	1.00	6.15	2.47
③	80%	20%	0.80	5.04	2.24
④	70%	30%	0.61	4.13	2.03
⑤	60%	40%	0.42	3.40	1.84
⑥	50%	50%	0.23	2.88	1.70
⑦	40%	60%	0.03	2.54	1.59
⑧	30%	70%	−0.16	2.40	1.55
⑨	20%	80%	−0.35	2.45	1.57
⑩	10%	90%	−0.55	2.69	1.64
⑪	0%	100%	−0.74	3.13	1.77

※ Z＝[σ(東京)×p(東京)]2乗＋［σ富山)×p(富山)]2乗＋r×[σ(東京)×p(東京)］×［σ富山)×p(富山)]

図表5-18

東京・青砥と富山・寺町のポートフォリオごとの路線価収益率：m と標準偏差(リスク)：σ の計算

No.	東京・青砥	富山・寺町	m	σ
①	100%	0%	1.19	2.73
②	90%	10%	1.00	2.47
③	80%	20%	0.80	2.24
④	70%	30%	0.61	2.03
⑤	60%	40%	0.42	1.84
⑥	50%	50%	0.23	1.70
⑦	40%	60%	0.03	1.59
⑧	30%	70%	−0.16	1.55
⑨	20%	80%	−0.35	1.57
⑩	10%	90%	−0.55	1.64
⑪	0%	100%	−0.74	1.77

図表5-19
東京・青砥と富山・寺町のポートフォリオごとの平均収益率：m と標準偏差（リスク）：σ のグラフ

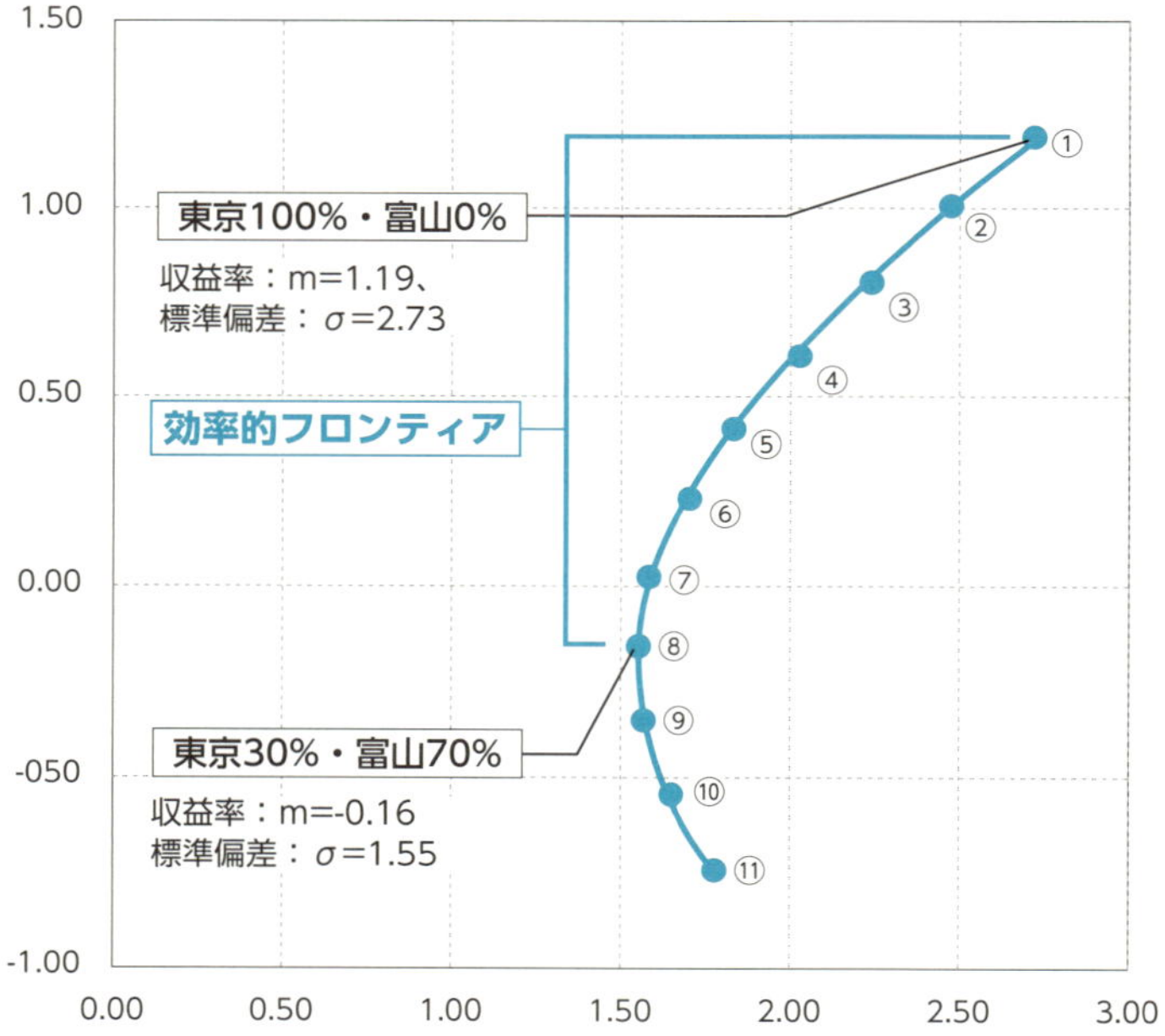

効率的フロンティアのエリアが、①東京・青砥１００％と富山・寺町０％から、⑧の東京・青砥30％と富山・寺町70％までと示されました。

⑧家賃収入によるネット利回りを考慮し、路線価の値上がりによる収益率を加える

これまでの収益率は、路線価の価格の値上がり、値下がりを収益率：ｍとして扱ってきました。

実際の不動産投資においての収益とは、家賃収入が収益（インカム）という概念です。したがって、東京・青砥と富山・寺町の家賃収入による収益：Ｍを、①～⑧の効率的フロンティアのエリアでのポートフォリオごとに計算してみます。

ここで家賃による収益率を利回りと言います。この数値を一覧表にしたものが、図表５－20です。

東京・青砥の表面利回りは５・８％です。運営費比率を一般的な割合の20％と仮定する

図表5-20
効率的フロンティア比率内での家賃収入 ネット利回り：M

No.	東京・青砥	富山・寺町	ネット：M
①	100%	0%	4.60
②	90%	10%	4.74
③	80%	20%	7.88
④	70%	30%	5.02
⑤	60%	40%	5.16
⑥	50%	50%	5.30
⑦	40%	60%	5.44
⑧	30%	70%	5.58

	東京・青砥	富山・寺町
表面利回り	5.8%	7.5%
ネット利回り：M	4.6%	6.0%

※①運営費比率：20%

と、運営費比率を差し引いた、ネット利回りは4・6％になります（5・8％×80％）。

続いて、富山・寺町の表面利回りは7・5％なので、同じように運営費比率を20％と仮定した場合のネット利回りは6・0％（7・5％×80％）になります。

この東京・青砥と富山・寺町のネット利回りを、ポートフォリオの割合にて、単純に按分計算すると、各ポートフォリオにおけるネット利回り：Mが計算されます。図表5－20によれば、例えば、②の東京・青砥90％と富山・寺町10％のポートフォリオのネット利回り：Mは4・74％となります。

⑨路線価収益率：ｍを時価収益率：［ｍ］に変換する

前節の表面利回り、ネット利回りは、土地建物合計の物件価格に対しての利回りです。ところが、路線価収益率：ｍは土地のみの変動に対しての収益率で、ネット収益率：Ｍは土地建物合計の物件価格に対した家賃収入に関する収益率であり、両方の収益率を同じ扱いをすることはできません。

そこで、路線価収益率：ｍを土地建物合計の物件収益率：［ｍ］に変換する作業を行います。収益率を計算する場合の分母を、土地建物合計の物件価格に便宜上変換する訳です。

まずは、物件価格における土地の割合を仮定してみます。東京・青砥における土地価格の比率は概ね50％です。それに対して、富山・寺町の土地価格の比率は概ね25％です。東京・青砥においては、富山・寺町に比較して、土地の敷地面積が小さいですが、単価が圧倒的に高いために、土地価格の比率が圧倒的に高くなります。富山・寺町の建物建築費の単価が東京・青砥に対して低いこともあり、富山・寺町の土地価格の比率は25％で収まっています。

次に、路線価と実勢価格の比率を考慮します。東京・青砥においては、実勢価格は、路線価の概ね2倍、200％です。富山・寺町は路線価と概ねイコール、100％と考えてよいでしょう。

図表5－21の上段をご覧ください。

上記2つの概念をもとに、東京・青砥の路線価収益率の平均値：Eは、1.19です。土地建物合計の物件価格の時価ベースに変換しても、1.19となります。もう一度、図表5－21の上段を見てください。

（Ⅰ.）土地建物合計の販売価格に対しての土地の比率が50％、（Ⅱ.）時価は路線価の200％なので、（Ⅲ.）50％×200％＝100％は変換係数となり、（Ⅴ.）1.19の値がそのままとなったのです。

続いて、富山・寺町についても変換してみます。富山・寺町の路線価収益率：Eは、△0.74です。土地建物合計の時価ベースに変換すると、△0.185と計算されました。

図表5-21

効率的フロンティア比率内での路線価収益率：m を時価換算収益率：[m] に換算

	東京・青砥	富山・寺町
Ⅰ. 土地／販売価格 比率	50%	25%
Ⅱ. 時価／路線価 比率	200%	100%
Ⅲ. 土地建物合計 時価変換係数（Ⅰ×Ⅱ）	1（100%）	0.25（25%）
Ⅳ. 路線価収益率平均：E	1.19	−0.74
Ⅴ. 路線価収益率平均（時価換算）：[E]（Ⅳ×Ⅲ）	1.19	−0.185

No.	東京・青砥	富山・寺町	時価換算路線価収益率：[m]
①	100%	0%	1.19
②	90%	10%	1.05
③	80%	20%	0.92
④	70%	30%	0.78
⑤	60%	40%	0.64
⑥	50%	50%	0.50
⑦	40%	60%	0.37
⑧	30%	70%	0.23

計算の手順は、次の通りです。まずは、東京・青砥と同様に変換係数を求めてみます。（Ⅰ．）土地建物合計の販売価格に対しての土地の比率が25％、（Ⅱ．）時価は路線価の100％なので、（Ⅲ．）25％×100％＝25％（0・25）が変換係数となります。（Ⅴ．）△0・74に変換係数0・25を乗じて△0・185の値となりました。

この東京・青砥の時価換算路線価収益率平均：［E］＝1・19と、富山・寺町の時価換算路線価収益率平均：［E］＝△0・185の、①〜⑧までのポートフォリオに関して、時価換算路線価収益率：［m］を計算した表が、図表5－21の下段になります。

⑩ネット利回り：Mと時価換算路線価収益率：［m］の和

図表5－22は、①〜⑧のポートフォリオにおける、ネット利回り：Mと、時価換算路線価収益率：［m］の和を計算したものです。

図表5-22
効率的フロンティア比率内での家賃ネット収入率：Mと時価収益率：[m]の合計

No.	東京・青砥	富山・寺町	ネット利回りM	路線価収益率（時価換算）[m]	M+[m]
①	100%	0%	4.60	1.19	5.79
②	90%	10%	4.74	1.05	5.79
③	80%	20%	4.88	0.92	5.80
④	70%	30%	5.02	0.78	5.80
⑤	60%	40%	5.16	0.64	5.80
⑥	50%	50%	5.30	0.50	5.80
⑦	40%	60%	5.44	0.37	5.81
⑧	30%	70%	5.88	0.23	5.81

①～⑧までの各ポートフォリオの数値は、5・79、5・80、5・81と、ほぼ5・80±0・01の範囲内に収まりました。つまり、収益率の合計は、どのポートフォリオにおいても変わらないという結果を示しています。

⑪東京・青砥と富山・寺町の本事例における路線価収益率と標準偏差（リスク）

東京・青砥の販売価格は1億3400万7千円、富山・寺町の販売価格は、6278万4千円で、割合は、東京・青砥が68・4％、富山・寺町が31・6％となります。この比率における路線価収益率：mは0・58、標準偏差（リスク）：σは2・00と計算されます（図表5－23）。

この位置を、グラフ上に落すと、図表5－24に示した位置になり、効率的フロンティアのエリア内に位置していることが分かります。

図表5-23
東京・青砥と富山・寺町の路線価収益率：m と標準偏差：σ の計算

東京・青砥	富山・寺町	路線価収益率 m	標準偏差 σ
68.4%	31.6%	0.58	2.00

※計算の手順は、図表５-17参照

図表5-24
東京・青砥と富山・寺町の路線価収益率：m と標準偏差：σ のグラフ

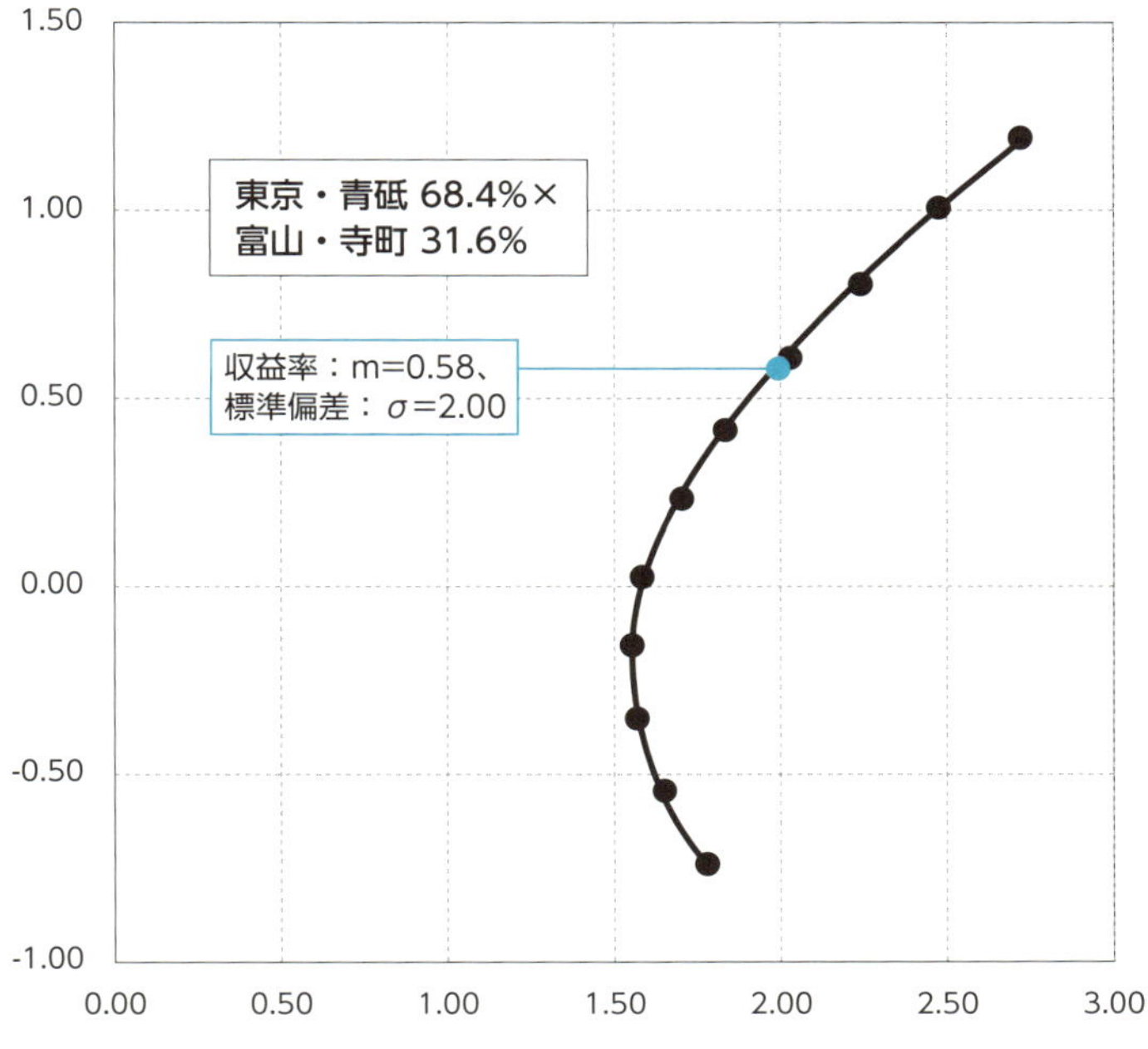

⑫東京・青砥と富山・寺町の本事例におけるネット利回り、時価換算路線価収益率とその合計

図表5－25に、東京・青砥と富山・寺町の本事例における、ネット利回り、時価換算路線価収益率、その合計を一覧表にしました。

ネット利回り：Mは5・04、時価換算路線価収益率は0・76，その合計は、5・80と計算されました。

図表5-25

東京・青砥と富山・寺町の家賃ネット収入率：Mと時価路線価収益率の合計

東京・青砥	富山・寺町	ネット 利回りM	路線価収益率 （時価換算）[m]	M+[m]
68.4%	31.6%	5.04	0.76	5.80

※計算の手順は、図表5-21、図表5-22参照

⑬東京・青砥と富山・寺町、セット販売での数値比較

最後に、今まで算出してきた数字を、東京・青砥と富山・寺町、セット販売の3種類を並べた比較を一覧表にしました（図表5－26）。

ここでの注目ポイントは、ネット利回り：Mと、時価換算路線価収益率：［m］の合計が、東京・青砥単体で5・79と、富山・寺町単体で5・81、セット販売では5・80とほぼ同じであるのに対して、リスクを表す標準偏差（リスク）：σでは、東京・青砥の2・73に比べ、セット販売が2・00と減っており、ポートフォリオを組むことによるリスク低減の効果を表していることです。

ただし、富山・寺町単体の標準偏差（リスク）：σの値は1・77であり、この比較表で考察すると、合計の利回り：M＋［m］の値がいずれも5・79、5・81、5・80とほぼ同じということであれば、標準偏差（リスク）：σが1・77と最少の富山・寺町が最適という結果になりました。

図表5-26
東京・青砥と富山・寺町と東京×富山の数値まとめ

	東京・青砥	富山・寺町	東京 × 富山
販売価格	134,007,000	62,784,000	196,791,000
価格比率	68.4%	31.6%	100%
表面利回り	5.80%	7.50%	6.34%
ネット利回り：M	4.60%	6.00%	5.04%
路線価収益率 平均：E	1.19%	−0.74%	0.58%
路線価収益率（時価換算）[m]	1.19%	−0.19%	0.76%
合計　M＋[m]	5.79%	5.81%	5.80%
標準偏差（リスク）：σ	2.73	1.77	2.00

⑭今回の事例に関するポイントと注意点

東京・青砥と富山・寺町をセットで購入、投資した場合のリターン（収益率）とリスク（標準偏差）を比較してきました。東京・青砥の大きな変動リスクを、富山・寺町と組み合わせることにより、ヘッジできることが分かりました。

今回の事例では、２０２４年までの直近19年間の路線価の推移を切り取り、路線価収益率の平均と、変動幅である標準偏差の計算をしました。さらには、家賃による収益（インカム）を初年度の新規設定した家賃で計算、その後の家賃の変動を考慮していません。路線価を土地建物の合計額に時価換算を行うときの数値も、毎年変動します。

そういうことでは、単純化した仮説に基づいた考え方を示したものであり、正確性を担保していないことを、ご了解ください。

【コーヒーブレイクⅣ】 期待利回り（Cap Rate）

賃貸アパート・マンション、賃貸ビル、ホテル、店舗、倉庫などの収益物件の価格は、どのように決まるのでしょうか？　一般的に不動産の価格は、「積算価格」と「収益還元価格」の2種類あります。

1．積算法に基づく「積算価格」

「積算価格」は、コーヒーブレイクⅡでお話しました通り、土地価格においては、「一物六価」の各価格を参考に、目的に応じて算出します。建物に関しては、二通りの算出方法があります。1つ目は、実際にかかった工事費から、減価償却をした残存価格をもって求める方法。2つ目は固定資産税評価額をそのまま建物評価額とする方法です。算出された土地と建物の和が、求めたい物件価格となります。

2．リスクを「路線価」で測る

不動産価格の上昇、下落リスクを、本書では、土地評価手法の一つ「路線価」で判断してきました。なぜならば、金融機関の土地評価や、われわれ不動産業者の不動産価格の積算評価は、「路線価」で計算するからです。「路線価評価」を基準にしたことは、一定の合理性があると認識しています。

3．収益還元法に基づく「収益還元価格」

「収益還元価格」とは、収益不動産に主に用いられる手法で、この手法は、今や国際標準となっています。日本国内においては、都市銀行においては、収益不動産の担保評価を「収益還元法」を用いて算出していますが、地方銀行や地方信用金庫などは、いまだに、「積算法」によって収益不動産の担保価値を算出している場合が多いです。

残念なことですが、世界から遅れていると言わざるを得ません。この収益還元法に基づく「収益還元価格」の計算は、図表C－4の公式で求めます。

Vが求めたい収益不動産の価格（価値）で、Iが年間の家賃収入合計になります。ただし、この家賃収入合計は、諸経費を差し引いた、純収入、いわゆる「ネット収入」の合計で

図表C-4 収益還元法

$$V = \frac{I}{R}$$

※直接還元法

① V：価値（価格）
② I：ネット収入（実質家賃収入 NOI）
③ R：資本化率　(Capitalization rate)
　⇒　期待利回り（Cap Rate）

す。「NOI（Net Operating Income）」と言われている指標です。そして、Rが「資本化率」と言われている指標で、この「資本化率」で「ネット収入：I」を割り戻すことで、収益不動産の価格：Vを計算します。この「資本化率：R」は、「期待利回り（Cap Rate）」と言われる指標です。不動産投資家が、不動産投資を行うことで得たい収益率、利回りになります。

4．「期待利回り（Cap Rate）」

さて、この「期待利回り（Cap Rate）」は、どのように決められるのでしょうか？

結論から申し上げますと、「期待利回り（Cap Rate）」は、市場が決めます。したがっ

図表C-5　**第50回「不動産投資家調査®」の概要**

■調査方法：アンケート調査(原則として電子メール)

■調査対象：アセット・マネージャー、アレンジャー、開発業(デベロッパー)、保険会社(生損保)、商業銀行・レンダー、投資銀行、年金基金、不動産賃貸など179社(前回調査178社)

■調査時点：2024年4月1日〔前回調査2023年10月1日、第1回調査1999年4月1日〕

■回答社数：146社(前回調査147社) ※回答率81.6%

■利用上の留意点：集計結果の代表値として、中央値を採用している。

(出所)［日本不動産研究所 第50回 不動産投資家調査 2024年4月 現在］

て、市場の動向、外部環境によって、絶えず変化をします。また、投資家個々の投資スタンス、諸事情によって、違ってきます。「ある数値」というように、固定化されたものではないのです。

それでは、現在の「期待利回り（Cap Rate）」は、どのように調べればいいのでしょうか？　一例として、（財）日本不動産研究所が毎年2回、不動産投資家及び不動産投資家に関連のある方々を対象に実施しています「不動産投資家調査」があります。「第50回不動産投資家調査」の結果のごく一部を図表C－5～図表C－8に引用させていただきます。

図表C-6　1．Aクラスビル(オフィスビル)の期待利回り

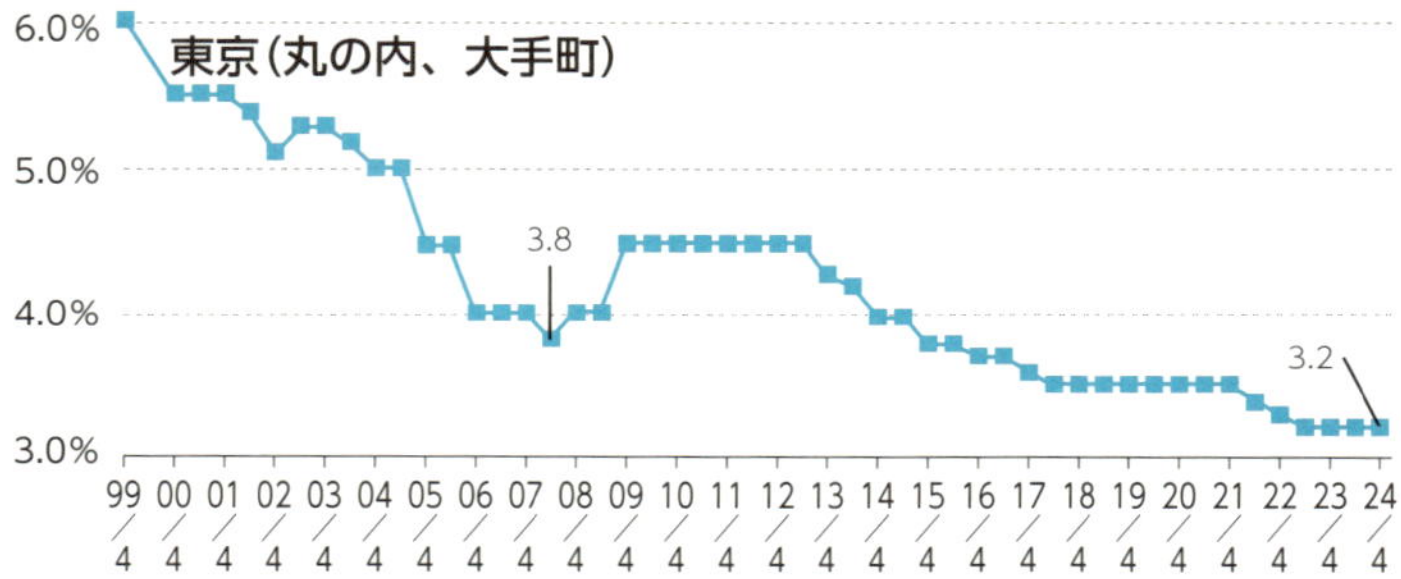

【期待利回り：東京都】

	丸の内、大手町	日本橋	虎ノ門	赤坂	六本木
第49回（2023年10月）	3.2%	3.5%	3.5%	3.6%	3.6%
第50回（2024年4月）	3.2%	3.5%	3.5%	3.6%	3.6%
前回差	0.0ポイント	0.0ポイント	0.0ポイント	0.0ポイント	0.0ポイント

	港南	西新宿	渋谷	池袋
第49回（2023年10月）	3.7%	3.7%	3.5%	3.9%
第50回（2024年4月）	3.7%	3.7%	3.5%	3.9%
前回差	0.0ポイント	0.0ポイント	0.0ポイント	0.0ポイント

【期待利回り：主な政令指定都市】

	札幌	仙台	横浜	名古屋	京都
第49回（2023年10月）	5.0%	5.1%	4.4%	4.5%	4.8%
第50回（2024年4月）	4.9%	5.0%	4.4%	4.4%	4.7%
前回差	−0.1ポイント	−0.1ポイント	0.0ポイント	−0.1ポイント	−0.1ポイント

	大阪 御堂筋	大阪 梅田	広島	福岡
第49回（2023年10月）	4.2%	4.0%	5.2%	4.5%
第50回（2024年4月）	4.2%	4.0%	5.2%	4.5%
前回差	0.0ポイント	0.0ポイント	0.0ポイント	0.0ポイント

（出所）［日本不動産研究所 第50回 不動産投資家調査 2024年4月 現在］

図表C-7 賃貸住宅一棟の期待利回り

住宅は、「東京・城南」のワンルームタイプとファミリータイプの期待利回りはともに3. 8%で横ばいとなった。また、地方都市では横ばいと低下が混在する結果となった。

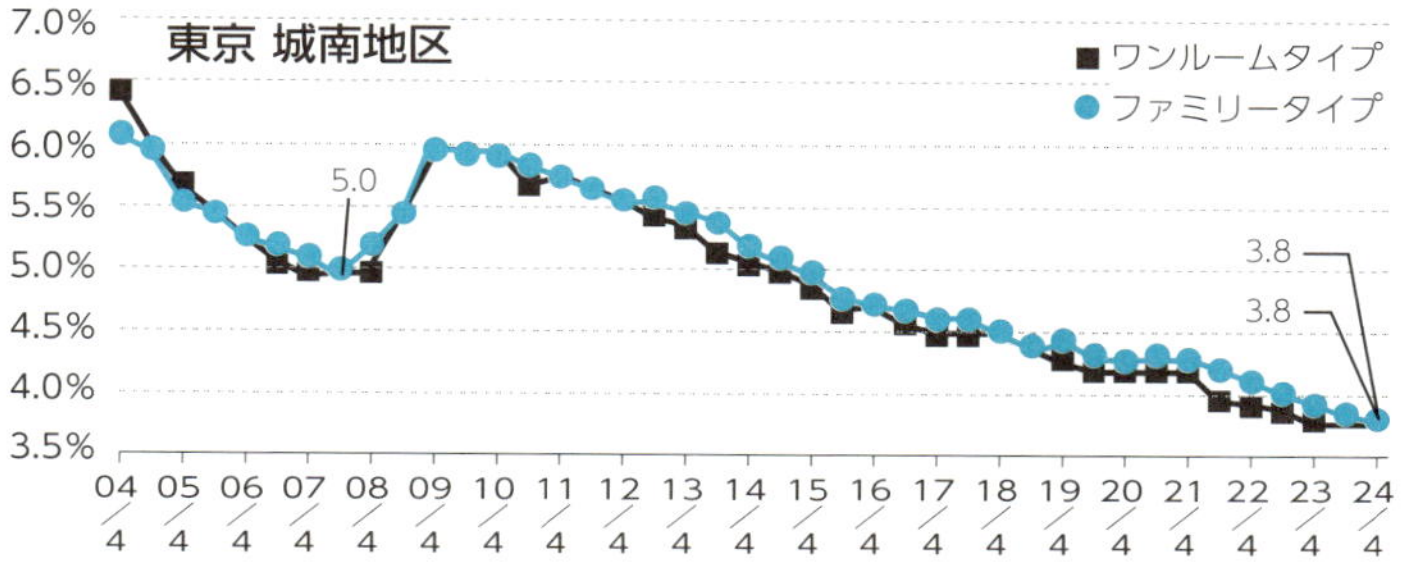

【期待利回り：ワンルームタイプ】

	東京 城南	札幌	仙台	横浜	名古屋
第49回（2023年10月）	3.8%	5.0%	5.0%	4.4%	4.5%
第50回（2024年4月）	3.8%	5.0%	5.0%	4.4%	4.5%
前回差	0.0ポイント	0.0ポイント	0.0ポイント	0.0ポイント	0.0ポイント

	京都	大阪	神戸	広島	福岡
第49回（2023年10月）	4.7%	4.4%	4.8%	5.2%	4.6%
第50回（2024年4月）	4.7%	4.3%	4.7%	5.1%	4.5%
前回差	0.0ポイント	−0.1ポイント	−0.1ポイント	−0.1ポイント	−0.1ポイント

【期待利回り：ファミリータイプ】

	東京 城南	札幌	仙台	横浜	名古屋
第49回（2023年10月）	3.8%	5.0%	5.1%	4.4%	4.6%
第50回（2024年4月）	3.8%	5.0%	5.0%	4.4%	4.6%
前回差	0.0ポイント	0.0ポイント	−0.1ポイント	0.0ポイント	0.0ポイント

	京都	大阪	神戸	広島	福岡
第49回（2023年10月）	4.8%	4.4%	4.9%	5.2%	4.6%
第50回（2024年4月）	4.7%	4.3%	4.8%	5.2%	4.5%
前回差	−0.1ポイント	−0.1ポイント	−0.1ポイント	0.0ポイント	−0.1ポイント

（出所）［日本不動産研究所 第５０回 不動産投資家調査 2024年4月 現在］

図表C-8 マーケットサイクル(市況感)

マーケットサイクル(市況感)に対する調査について、東京は、現在「⑤」、半年後「⑤」とする回答が最も多かった。大阪についても現在「⑤」、半年後「⑤」とする回答が最も多かった。

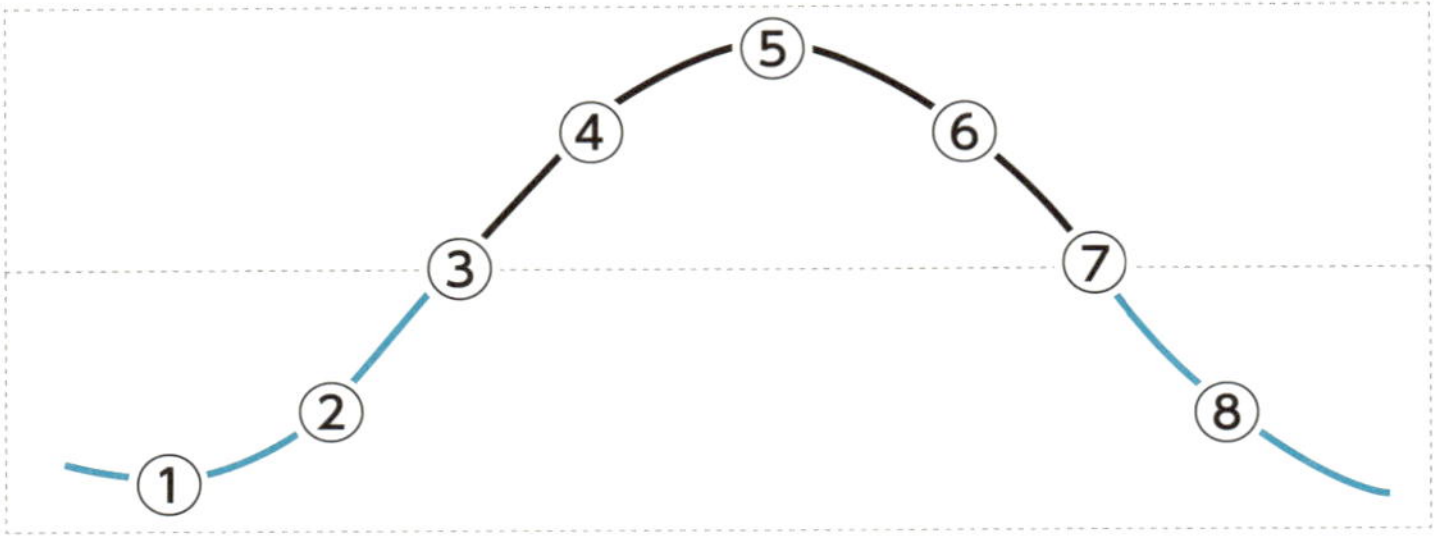

① 底である。
② 底を脱し、回復局面に転じた。
③ 回復が続いている。
④ 拡大が続き、ピークに近づいている。
⑤ ピークである
⑥ ピークを過ぎ、減退局面に転じた。
⑦ 減退が続いている。
⑧ 減退が続き、底に近づいている。

マーケットサイクル(市況感)

		第47回 22/10	第48回 23/4	第49回 23/10	第50回 24/4
東京(丸の内・大手町)	現　在 半年後	⑤ ⑤	⑤ ⑤	⑤ ⑤	⑤ ⑤
大阪(御堂筋沿い)	現　在 半年後	⑤ ⑤	⑤ ⑤	⑤ ⑥	⑤ ⑤

(出所)[日本不動産研究所 第50回 不動産投資家調査 2024年4月 現在]

「期待利回り（Cap Rate）」のトレンドは右肩下がりと低下の傾向です。収益不動産の価格が上がり続けていることを表しています。

東京丸の内・大手町のAクラスのオフィスビルの「期待利回り（Cap Rate）」が3・2％と過去最低の数値となっています。図表C－8は、市場の好況感、繰り返して起こる不動産価格の上下動のサイクルの、現在、どの位置にあると思うかのアンケート結果を示したもので、不動産価格は、現在ピークをつけており、今後は下げに転じると観ている投資家が多いことが分かります。

ただし、2022年の調査から2024年までの3カ年、今がピークであるとの調査結果でありながら、いまだに下げに転じていません。実際にどうなるのか、後になってみないと分かりません。なかなかおもしろい調査結果です。その他、詳しい内容は、（財）日本不動産研究所のホームページをご覧ください。

5．富山県内における「期待利回り（Cap Rate）」

続きまして、（財）日本不動産研究所の調査対象外となっています、富山県内におきます「期待利回り（Cap Rate）」を知りたい場合は、どのようにすればいいのでしょうか？

これも、参考までにということになります。サンプルとなるデータが、2014年〜2017年までの4年間と古いデータであること、サンプル数が少ない点は、お許しを願います。弊社朝日不動産が、社内で扱った売買の実例をもとに、求めました。図表C-9が取引の詳細、このデータをグラフにしたものが、図表C-10です。築年数0である新築の木造アパートの「期待利回り（Cap Rate）」は7.0%、一年経過するごとに、0.08%高くなる、すなわち、取引価格が、0.08%安くなることを表しています。

不動産投資家は、市場の動向を踏まえ、そして、自分自身の投資基準に従い、「期待利回り（Cap Rate）」を投資判断として、収益不動産の購入を行います。繰り返しになりますが、市場の動向によって、絶えず変化し続けており、今後、上がる、下がるなどの予想も重要です。

図表C-9

2014年5月～2017年4月(三ケ年)　富山県内
築年数別ネット利回り(NOI)表　[木造・軽鉄]

No.	契約日	成約価格(円)	NOI(円)	築年数	NOI率
1	2014/8/25	17,600,000	1,661,524	21	9.4%
2	2014/9/28	21,500,000	1,524,162	0	7.1%
3	2014/11/18	18,400,000	1,274,455	8	6.9%
4	2015/12/28	46,000,000	2,790,489	0	6.1%
5	2015/6/21	63,000,000	4,880,690	7	7.7%
6	2015/7/5	24,500,000	2,373,240	25	9.7%
7	2015/9/30	67,500,000	5,021,299	7	7.4%
8	2015/12/19	66,000,000	5,548,704	5	8.4%
9	2016/1/8	39,270,000	3,397,373	25	8.7%
10	2016/2/28	30,000,000	2,553,193	23	8.5%
11	2016/7/28	33,000,000	3,034,160	18	9.2%
12	2016/9/30	53,151,120	3,810,887	0	7.2%
13	2016/11/30	35,000,000	3,659,658	25	10.5%
14	2016/12/18	54,500,000	3,389,369	6	6.2%
15	2016/12/29	30,000,000	2,231,949	28	7.4%
16	2017/1/22	43,619,262	3,282,808	0	7.5%
17	2017/3/27	41,281,503	3,099,264	0	7.5%

図表C-10

2014年5月〜2017年4月（三ケ年）富山県内
築年数別ネット利回り（NOI）グラフ［木造・軽鉄］

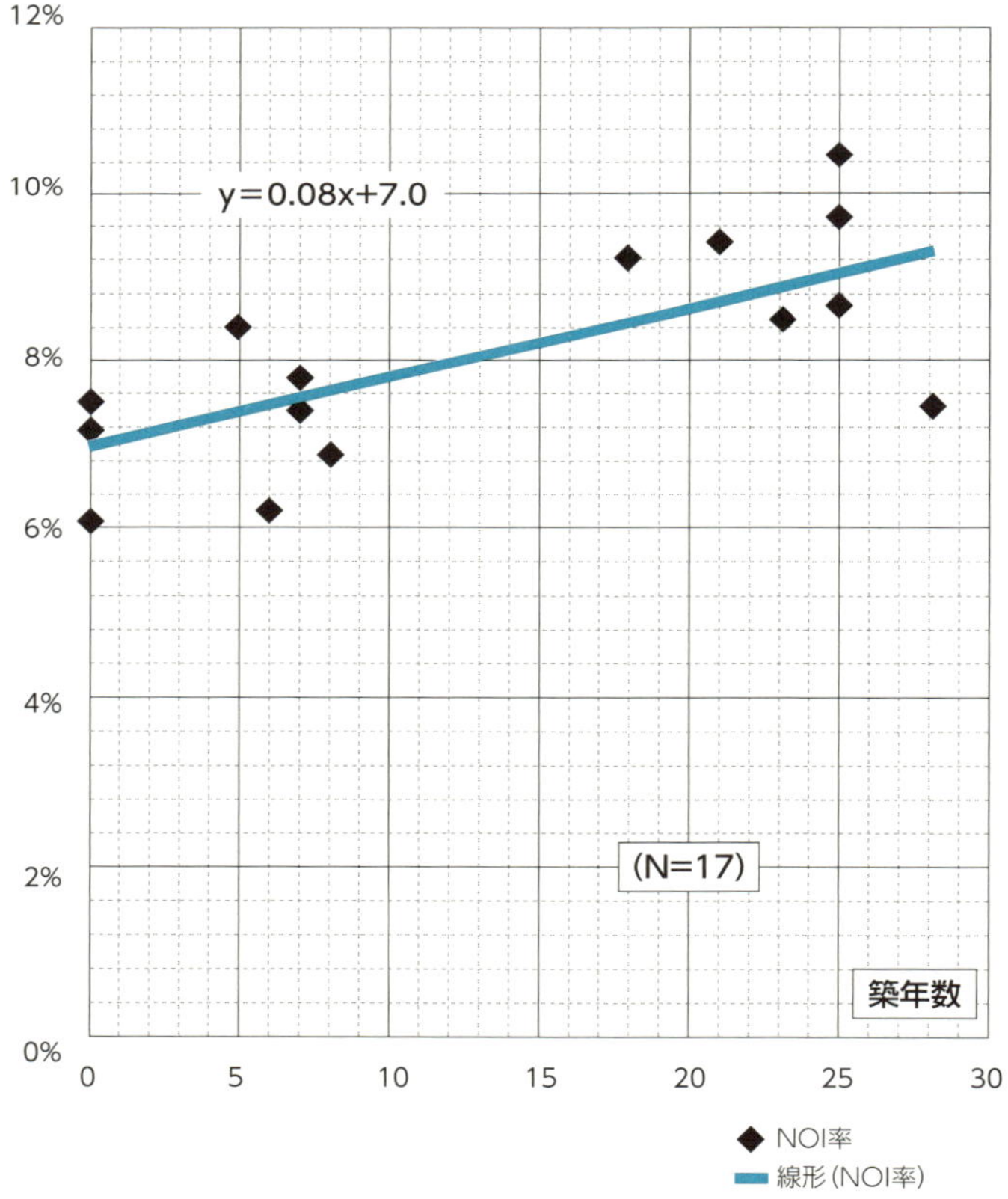

おわりに――「投資は怖い？」

２０２４年８月５日の東京株式市場、日経平均株価の終値は、前日比４４５１円安（12・４％ダウン）、１９８７年10月20日に発生した「ブラックマンデー」の下げ幅３８３６円を上回り、まさに「パニック相場」となりました。

３営業日の合計では、７６４３円（19・５％）の下げとなり、下げ幅、下げ率ともに過去最大でした。裁定取引をしていた個人投資家が「追証（追加保証金差し入れ）」に迫られ、耐えきれなくなり処分の投げ売りで、巨額の損失を出したといったニュースも報道されました。

このような事態を目の当たりにするにつけ、リスクを伴う投資にネガティブなイメージが広がっていきます。運用する資金が限られている個人投資家にとって、いかにリスクを下げるか、改めてこの課題が浮き彫りになりました。

不動産投資を推進していく上で、まずは、どのエリアの、どの場所で不動産投資を行うか？　不動産投資におけるマーケティングの４Ｐの中で最も重要な「Ｐｌａｃｅ（立地）」

に関して、本書のコーヒーブレイクⅢで触れさせていただきました。
「土地勘がない」は皆さん共通の問題点です。この問題に対する対策は、

①「勉強する」。情報の無い中でも、情報を収集し分析します。問題解決には、特効薬はありません。愚直に取り組むのみです。

②「信頼できる事業パートナーを見つける」。不動産投資の実績のあるPM（プロパティ・マネジャー）を見つけることは、成否を決定づけます。

近年、「地面師」の話題で盛り上がっています。大手上場企業の不動産会社が、まんまと「地面師」の手口に騙されました。プロの詐欺師による、公文書の偽造、俳優による売主成りすましと、手口が巧妙になっています。詐欺師の餌食にならないための対策は、やはり、①「勉強する」です。騙しの手口には共通点があります。騙されないための勉強が必要です。

その次に、②「信頼できる事業パートナーを見つける」です。何事にも、セカンドオピニオンが必要です。不動産投資の実績あるＰＭ（プロパティ・マネジャー）にアドバイス

もらってください。体験にまさる学びの手段はありません。

1983年3月、地元の大学を卒業後、不動産業界で約42年間、不動産業に従事してきました。不動産投資という、中長期的な事業を継続していく上で、数多くの失敗と成功を繰り返しながら、「やっぱり、これだよな」という人生訓を体得しました。

この世の中に溢れかえっている商品・サービスは、その商品・サービスの品質だけで購入を決定しないということです。私の人生訓は、その商品・サービスを企画・開発し、提供する経営者や企業を観て判断するというものです。

経営者であれば、その経営者の生き方、人生観、企業であれば、経営理念、企業文化に共感できるかという基準です。長い人生を共に歩むパートナーとして、不動産投資の共同経営という観点で、人物を見定めていただきたいです。

もちろん、私ことミッキーと弊社朝日不動産を、不動産投資のパートナーとして、選んでいただけますよう、ミッキーの精進は続きます。

土地価格の変動が、相反する動きをする負の相関関係が強ければ強いほど、リクス低減の効果が高くなると申し上げてきました。その実例が「二刀流投資『東京』×『富山』」の提案でした。日本国内で、首都圏と地方圏の都市の組み合わせです。

もっと、視野を広げ海外に目を向けてみましょう。言うまでもなく、資本主義経済の中心は米国です。まさに米国は移民を受け入れ、人口が増加、世界をリードする「GAFA」などの巨大企業が経済成長の原動力となり、インフレ社会の象徴となっています。「三刀流投資『サンフランシスコ』×『東京』×『富山』」に展開できれば、さらにリスクは下がるでしょう。人口ボーナス現象、すなわち、生産年齢人口（15歳から64歳まで）が爆発的に増えている東南アジアの代表、インドネシアの『ジャカルタ』や、立憲君主制ではありますが、発展の潜在能力を秘めているカンボジア王国『プノンペン』などの都市の不動産を組み込み、将来は「四刀流投資」の可能性も研究をしてみたいです。

不動産投資のリスクを標準偏差に置き換え、難しい計算式や数値ばかりで、難解な本になってしまいました。その計算式の理解に取り組むよりは、結論として「東京×富山　二刀流投資」がリスクを下げるための手段として効果的であるという事実を知っていただきたいです。この効果を、数値で論理的に証明いたしました、このことに、本書の価値があると思っています。

皆さまが、「二刀流投資」を実践され、不動産投資の成功を獲得されますこと、心から祈念いたしております。

2024年11月

ミッキー、本社書斎にて

【著者紹介】

石橋正好（いしばし・まさよし）、ミッキー

朝日不動産株式会社代表取締役。宅地建物取引士、二級建築士、マンション管理士、CPM（米国認定不動産経営管理士）、AFP（二級ファイナンシャルプランナー）、上級相続支援コンサルタント

1961年富山県生まれ。金沢大学工学部精密工学科卒業後、1983年に大手不動産会社である信開産業株式会社（現アパ株式会社）に入社。1985年に朝日不動産に移り、2004年より現職。

2006年2月に北陸初の国際ライセンス・CPM（米国認定不動産経営管理士）の資格を取得。その後、ミドルネーム「ミッキー」を名乗り、不動産投資や経営を学ぶ「ミッキー塾」を開催して、富山県内の不動産業界を牽引している。さらに不動産オーナー向けのセミナーを多数開催するとともに、YouTuberとしても積極的に情報を発信している。

2024年8月末現在、1100名（内、首都圏214名）の投資家から、14102室

（内、首都圏729室）の賃貸住宅の管理、運用業務を請け負っている。

【著書】『「富山×東京」二刀流投資』（幻冬舎、2017年）、『ミッキー流満室！賃貸住宅経営』（幻冬舎、2021年）、『ミッキーと元気な富山のFIRE大家さん　不動産投資家8人の成功を実現する人生哲学』（現代書林、2022年）など。

『東京＆富山でダブルに稼ぐ！
「二刀流」不動産投資術』　出版記念

購入者キャンペーン開催中！

期間中にAmazonなどのインターネット書店や書店店頭で

『東京＆富山でダブルに稼ぐ！「二刀流」不動産投資術』を

ご購入いただいた方に、

貴重なプレゼントを差し上げます！

以下の**QRコード**から特設ページにお入りください。

https://pubca.net/cam/asahi-mickey

東京＆富山でダブルに稼ぐ！「二刀流」不動産投資術

富裕層必見！資産防衛対策

２０２４年12月23日　初版第１刷発行

著　者　ミッキー（石橋正好）
発行者　大久保　尚希
発　行　サンライズパブリッシング株式会社
〒１５０－００４３
東京都渋谷区道玄坂１－12－１
渋谷マークシティＷ22
０３－５８４３－４３４１

発売元　株式会社飯塚書店
〒１１２－０００２
東京都文京区小石川５丁目16－４

印刷・製本　モリモト印刷株式会社

ISBN978-4-7522-9043-8　C0033

プロデュース：水野俊哉
デザイン：森田千秋（Q.design）